如何讓人說實話

使他人還來不及對你說謊，就自然說出真話，
而且他還會很喜歡你：
源自美國 FBI 全新偵訊取話的技巧

THE TRUTH DETECTOR

an Ex-FBI Agent's Guide for Getting People to Reveal the Truth

傑克・謝弗博士 Jack Schafer Ph.D.
馬文・柯林斯博士 Marvin Karlings Ph.D.　著

目錄

3、你能從他人口中取得實話嗎　檢驗自己的技能

1

坦白從寬

讓人說實話的運作原理

前言 勝過謊言 取得真言

如果人多聽聽自己說的話，就會少說很多話。——庫爾圖定律

If people listened to themselves more often, they would talk a lot less.——Courtois' Rule

你在賣場裡和一個陌生人攀談，五分鐘之內他就告訴你很多私人資訊，例如他的身份證號碼、電腦密碼、出生年月日、他母親的娘家姓氏，而且他完全沒發現自己提供了這些機敏個資。

聽起來像是不可能的任務。其實，沒你想的那麼難。要讓人不經意地透露個資或心中真正的想法不難。到現在我還是很驚訝：怎麼會這麼簡單！？

很多書都在探討如何「偵測謊言」，但這不是本書目的。本書最特別的地方在於書中有大量實用技巧，讓你可以從朋友、家人、同事、甚至完全不認識的陌生人口中聽到最真實的話，而且他們完全不會發現你的意圖。

如果你使用這些技巧，對方會告訴你一些他們通常不說、或通常會撒個謊帶過去

的事。所以囉，這本書的名字才叫做《如何讓人說實話》，而不是《如何知道他在說謊》。

只要你學會本書的方法，你就能讓對方在沒有起疑、沒有防備、還來不及騙你之前，就把實話告訴你，然後你就可以充分使用這些實話，為自己創造優勢。知道別人真正的想法能幫你判斷誰才是真正的朋友、誰是可能傷害你的敵人。本書提到的這些技巧，是設計來「套（獲取）」出別人真實的想法，所以我們稱之為「套話」。

我原是聯邦調查局FBI的特工，工作內容是要從嫌犯、目擊者和間諜口中獲取資訊，但這些人為了各種理由不願說實話。在情報領域，套話是基本的非侵入性技巧，也是我在整個特工生涯中協助建構得更完善的一套技能。我在FBI的行為分析小組待過好幾年，常負責訓練年輕的FBI實習探員，教他們如何運用言詞技巧獲取最大成果。

為了展現套話技巧有多麼驚人，我做了一次課堂示範。我很自信地跟學員保證：在八小時的套話訓練課程後，他們就有辦法從完全不認識的人口中問到對方的出生日期、個人身分識別碼、社會安全碼、銀行帳戶資訊以及電腦密碼，而且他們只須跟對方交談幾分鐘就能做到。

當然啦，學員都不相信，還反駁我說，這麼敏感的個資，沒人會告訴陌生人的，更不用說還沒發現自己透露了這麼重要的資訊。接著他們你一言我一語的質疑我，覺得我太扯了，在做白日夢吧。有個特別愛唱反調的學生還斬釘截鐵地跟我保證：他在任何情況下都絕對不會把個資透露給陌生人。

開始上課了。在課程的前四個小時，我教學生一些基本的套話技巧，也就是各位即將在本書裡讀到的技巧。在這幾個小時裡，我一直記得那個唱反調學員說的話，所以我的課程目標就是要讓這位同學在不知不覺當中透露他的社會安全號碼。

我知道「套出別人的社會安全碼」這件事情會成為課堂的焦點，所以我介紹了一下社會安全碼的組成方式。我一開始先解釋社會安全碼的最後四個數字，我告訴學員們，這四個數字不重要，因為很多人的最後四碼會重複，事實上每一萬人中至少有兩人的社會安全碼最後四位數是相同的。我也提醒學員，如果你無法取得某人的前五碼，只知道後四碼沒什麼用處。

這時候，我看向那位特別愛唱反調的學生，問他：「如果知道這點，你就不會拒絕透露社會安全碼的後四碼對吧？」那學生蠻不在乎地聳肩，然後直接說出他的社會安全碼最後四個數字。

接下來，我又很隨意地聊到社會安全碼中間那兩個數字是「組號」，也沒有特殊意義，因為組號只是反映持卡人得到社會安全碼的順序而已。我問另一位學生，是否願意分享一下她的組號，她不假思索講出了兩個數字，然後我指了指另一個學生，他也立刻唸出了兩個數字。接下來我很快隨機點了幾位同學，他們也都不假思索自動報出自己社會安全碼中間的兩個號碼，然後我又指向那位特愛唱反調的學生，他也說出了兩個數字。為了掩飾我真正的意圖，我又點了好幾位同學，他們都很自動報出社會安全碼中間兩個數字。

在這段主題快結束的時候我跟學員說，社會安全碼的頭三個數字是對應發行此安全碼的社會安全局地點。先前我曾利用一次下課時間，裝作不經意地問起那位唱反調學生住哪裡，他馬上告訴我他老家在哪一州哪一城市，所以我很快查了一下距離他老家最近的社會安全局，不費力就查到了這名學員的社會安全碼前三碼。

上完四個小時的訓練課程後，就是午餐休息。下午課程開始後我宣布，我們馬上就要出發到附近一間賣場，隨機從陌生人口中套出一些私人資訊。

解散之前，我走向白板，在白板上寫下幾個很大的數字——正是那位唱反調學生的社會安全碼。我轉身看著他，他緊盯著白板上的數字，下巴都快掉下來了。過了幾秒鐘他回過神，馬上抗議：「不公平！你作弊！」

我提醒這位學員，執行情報任務的時候，沒人跟你講公平，他即將踏入的特工世界就是如此。我嚴肅地告誡全班同學：即使是戒心最重的人都有可能被套話。我想，那位唱反調的學員應該一輩子都會記得這一課。

當天到賣場實際演練幾個小時後，學員們都很驚訝居然有這麼多人會不知不覺透露自己的機敏資訊。不過最讓學生吃驚的是，他們才上了四小時的課，就能完成這樣的任務。

其實你也可以。只要你學會使用本書的技巧，就等於朝著「讓任何人對你說實話」這個目標更進一步了。書中有很多實例，都是在日常生活中會碰到的情境。學會了這些套話技巧，你就可以辨識出更多適合使用這些技巧的場合，例如社交情境、職場談判等。

簡言之，如果能靈活運用套話技巧，就會更有能力獲得更多原本不會發現的「真相」，同時也能夠提升人際能力，無論與你交流的對象是陌生人、認識的人或是最親近的人，你都更能掌握彼此之間的關係。

套話技巧，就像用來探索真相的強大魔法石，但再強大的魔法石也需要天時地利人和才能發揮最大效用。要達到天時地利人和，你就必須了解成功套話過程有哪些要素，並且要靈活運用，你才能成為套話大師，在探索真相的過程中無往不利。一旦你熟悉了這些套話要點，你就可以化身為人形真相探測器。我們馬上開始吧！

第一章 碎紙機的末日

真相一旦被發現，都是簡明易懂的。關鍵是要發現真相。——伽利略‧伽利萊

All truths are easy to understand once they are discovered; the point is to discover them. —Galileo Galilei

自從開天闢地以來，人就想知道別人對自己說的是實話還是謊話。這很正常，畢竟我們的行為、成就、甚至生存機會，都要看我們是否有能力判斷資訊的真偽。

我擔任FBI特工二十年，主要工作就是評估各類嫌犯、目擊者和間諜有沒有隱瞞關鍵資訊，或者根本在撒謊——他們的欺瞞不但可能嚴重影響特定人物的安全，有時甚至是國安事件。問題是，要如何從這些人口中成功取得真實的資訊呢？傳統上一開始會先判斷對方是否在說謊，使用的方法包括機械裝置（測謊器）、觀察肢體語言（試圖從非語言的訊息中找出欺騙的線索）、使用各種偵訊手段強迫對方坦承不諱。

但傳統方法有個問題：即使最後真的證實某人說的是實話，過程中付出的代價卻

很高。當人發現自己的誠信遭到質疑，防衛心就會變強；一旦防衛心變強，就很難自願透露他知道的資訊。事實上，不只不自願透露，這些人根本是閉口不言或乾脆找律師當擋箭牌，在這種情況下就很難從他們口中問出有用資訊。因此，**傳統偵訊技巧雖然可以判斷受訊人所言的真假，但也失去了獲得其他信息的機會，而這些無法取得的信息也許更為關鍵**。

所以，我和許多特工一直在想：有沒有更好的方法，讓人在進入說謊模式前，就先不知不覺講了一堆實話？我猜，如果對方不知道我想從他身上獲取關鍵資訊，那麼他反而更容易自己說出來。只有當對方察覺到我的企圖，才會產生戒心，舉起他內心的盾牌，開始隱瞞和說謊。因此我們的策略就是在對方說謊之前就取得真相。也就是說，我們要從相關人士口中獲取重要資訊，但不能讓他們知道我們的意圖。如果能做到，我們就能得到高度可信的資訊，而且對方也不會進入欺瞞模式。

還來不及撒謊，就說出真相

注意到傳統審訊技巧的缺點後，我和同事根據心理學和人類自然行為，研發出一些「比較沒有敵意」的偵訊技巧，完全不同於現今執法人員使用的老派逼供手段。我們這種比較沒有攻擊性的方法通常稱作「套話」，會這樣稱呼是因為這方法是設計來「套出」事實，而不是用來判斷對方是否說謊，而且**要學會這種技巧也比較簡單，因為套話基本上就是跟人正常對話**，這是一般人每天都在做的事。

在我的特工生涯中，我研發了好幾種無攻擊性的套話技巧，就是為了要有效獲取真實資訊。這些技巧都包含了一種特殊的「說話風格」，以這種方式跟他人對話時，必須運用文字或語言技巧來鼓勵對方透露真相，而對方卻不會意識到你真正的目的。在接下來的幾章我會教各位這些技巧，但現在我要先說個小故事，告訴大家套話技巧如何發展到如今的面貌，還會提到一個新的科技裝置，該裝置能利用各種客觀訊息，建構出一個人真實的行為模式。

環境輕鬆，口風就鬆

德國人漢斯．約阿希姆．沙爾夫（Hanns Jcachim Scharff）是最有名的「低攻擊性套話技巧」先驅者。二次大戰期間，他在法蘭克福附近的小城上烏瑟爾擔任偵訊員，隸屬於德國空軍的情報評估中心。

沙爾夫使用的審訊技巧，不同於令人聞風喪膽的德國蓋世太保的殘酷手段。蓋世太保利用身、心折磨以及權力威壓來獲取情報，但沙爾夫卻反其道而行，他最著名的審訊技巧就是親切地和受訊人話家常，藉此獲取情報。他會為受訊人創造一個無威脅、無傷害的舒適環境，而且他很少問到關於特定人事物的問題。審訊時，沙爾夫會帶著被俘的英、美飛行員到機場旁的空地散步，身旁沒有任何護衛，讓受訊人覺得沙爾夫不過就是跟他們輕鬆聊個天。這個技巧後來被稱作「情境轉換」，在這個情境裡，沙爾夫讓受訊人認為跟他說話很安全。正因為受訊人不覺得自己被審訊，所以他們能夠自在地說話，並且自然而然地說出實話。沙爾夫讓受訊人覺得只有在審訊室進行的對話才是真正的審訊，離開那個環境就只是聊天而已，而且他會假裝自己已經掌握很多情報，然後告訴受訊人他所「知道」的情報，接著他就只需要等著對方證實或反駁他說的話即可。

戰爭結束後，英美戰俘被遣返回國，其中一位曾被沙爾夫審訊的人說：「你就是會忍不住糾正他的話，也許這正是他的策略吧！」然而，比起糾正審訊者說的話，受訊的俘虜其實更願意證實他們認為審訊者已經知道的情報。其中一個原因是：他們想要表現出願意稍微配合的態度，以免遭到更嚴酷的刑求。此外，俘虜往往認為如果自己只是證實敵方已經掌握的情報，應該沒什麼關係，至少不是主動提供敵方原本不知道的情資。

沙爾夫常會在受訊人面前講很長的故事，而且非常詳盡，讓對方以為他什麼都知道了，但他其實幾乎什麼都不知道——是受訊人在證實情報的過程中，提供了新的細節。而為了欺哄受訊人，沙爾夫還會利用一些會話技巧掩飾自己真正的目的。他不會逼著對方提供資訊，而是創造一個受訊人能自在說話的情境。當受訊人提供了一些新的情報，沙爾夫會擺出一副他早就知道的樣子，讓對方覺得自己提供的情報也沒什麼了不起。沙爾夫一直運用這樣的審訊技巧，長期下來也證實他的溫和手段能夠獲取更多真實的情報。當時被沙爾夫審訊的戰俘們，都沒有受過任何訓練去抵抗這種「親切偵訊」，不知不覺透露了許多關鍵情報的細節。若是改用嚴酷的審訊手段，戰俘們絕對不會透露相同的情報的。

有一次，沙爾夫必須查出美國戰鬥機的機槍為什麼會發射出某種顏色的曳光彈，德軍當時還不曉得各種顏色的曳光彈所代表的意義。後來沙爾夫跟一名關在戰俘營的美國飛行員談話，過程中他假裝不經意地提起曳光彈的話題，他當時採用「推定性陳述」（一種說話技巧，稍後會提到）使得那名飛行員誤以為沙爾夫已經知道各種顏色曳光彈代表的意義了，於是他在不經意之間，洩露了美軍曳光彈顏色的作用。其實答案很單純：不同顏色的曳光彈只是用來讓飛行員知道彈藥還剩多少。可是德軍獲得這條情報以後著實鬆了一口氣，因為他們之前以為美軍的曳光彈有更可怕的作用。

沙爾夫很擅長從戰俘口中問出真實情報，那是因為他了解「同理心」和「融洽氣氛」的重要——想要成功套話，就必須懂得運用這兩大要素。他設身處地去思考：如果自己是戰俘，但敵方仍給予自己尊嚴和尊重，那麼他相信自己也會比較願意和審訊者溝通，因此他才營造出友善無害的環境；他也認為，如果身為俘虜的自己很喜歡審訊者，那就更有可能透露情報，所以他才刻意跟受訊人相處融洽。

各位在這本書裡將會學到許多更厲害的套話技巧，沙爾夫的真知灼見，正是這些技巧的重要理論基礎。接下來我要跟大家分享另一個例子，讓大家看看套話如何進行，這個例子裡有一個重要角色，是藏在汽車方向盤後方的小裝置，許多駕駛人並不曉得在他們伸手可及之處居然有一個這樣的裝置。

說實話的機器

請想像一下：你剛買了一輛車，現在正努力和業務商談最優惠的汽車保險方案。但是你開車很猛，很不小心，又愛開很快。

業務問你：「你是安全駕駛嗎？」

你覺得你會怎麼回答？

或者假設你某天晚上趕著回家，一路超速又違規，快到家的時候和另一輛車相撞。當時除了你和對方駕駛，沒有其他目擊者。試問：當警方趕到現場，詢問你剛剛是否有小心開車，你會怎麼回答？

也許在這兩個假設的情況裡，你會坦承是你不小心。但很多人沒那麼誠實。當一個人面對自己想要的（例如比較低廉的保險費率）和不想要的（例如交通罰單、法律責任），是否還能展現誠實這項美德，實在很難說。比起說實話然後承擔後果，說句「我開車很小心的」簡單太多了。

大家可以上網搜尋一下「車載資通訊系統」（telematics），保險公司近年不斷倡導使用追蹤裝置（業界稱為車載資通訊系統）來記錄駕駛人的各種操作動作，目的是要追蹤客戶的駕駛習慣。這個香菸盒大小的裝置就位在汽車儀表板下方，用數據來紀錄駕駛習慣，像是速度、煞車、加速、行進距離、使用時間、撞擊次數、車道變化警示次數，甚至連你停靠的地點都會記錄（所以盡量不要常停靠在賣酒的商店附近！）。

很明顯，如果要了解某人真正的開車狀況，看這些追蹤裝置上的數據，會比直接問本人有用多了。同樣的道理也可應用於「套話技巧」，因為套話技巧就像這些追蹤裝置一樣，如果妥善操作，你可以獲取更有用的資訊，而且如果對方沒發現你的意圖，也沒有覺得你在質疑他們，那麼他們所說的，就更有可能是實話。

成為一個常聽見實話的人

如果想要成功利用套話獲取真實資訊，問話的人就得化身成追蹤裝置。首先，獲取的訊息必須要精確，且包含能協助問話人達成目標。此外，不能讓提供資訊的人發現他們的回答是被人刻意套取的，目標是讓問話人達到某種目的（正如有些駕駛完全不曉得有人在他的車上裝了追蹤裝置）。還好，想成功套話並不難，因為厲害的套話手段都是針對人性設計的，再輔以適當的會話技巧，只要好好練習和運用，套話可以很簡單。我知道很簡單，是因為我已經教過來自各行各業、各種教育背景的學生成功使用套話技巧。

套話技巧都是以人類行為的科學知識為基礎，所以才有奇效。套話人就是利用人類行為的基本特性來獲取想要的資訊，他們曉得某些會話技巧能引導對方暢所欲言、透露真實資訊。如果被問話的人感覺到有人想從他們身上挖消息，那他們就不會提供這些資訊了。

如果操作得宜，套話的過程還很愉悅，被套話的人不會經歷身心折磨（不像傳統的偵訊）。事實上，他們還會覺得很開心，因為套話者會讓對方感覺他們是整場對話的焦點。**大多數人都喜歡成為別人關注的焦點，套話者便是利用這樣的人性特質來達到自己的目的**。當然，他們也會運用同理心以及其他創造融洽氣氛的技巧（下一章會討論），和被套話的人建立正向友善的關係。被套話人和套話人相處的越自在，就越可能透露更多資訊。

在談話過程中，你的套話對象不會覺得焦慮，也不會起疑，因為所有談話的重點都跟他們有關。大多數人都能很自在地聊跟自己有關的事情。今天很少有人願意認真傾聽他人的問題、別人在工作上的困擾、或是別人如何解決他們的困難，可是大部份人都渴望有人認真傾聽自己說話、能夠了解自己的想法和感受，並給予回應。因此，如果你能夠化身貼心的聆聽者，願意傾聽，能設身處地為對方著想，且一直關注著對方而不是自己，那你就能成為超厲害的套話專家，想要什麼資訊都是手到擒來。

套話技巧就是設計來防止對方發現自己是被套話的目標。關鍵在於，套話過程不能出現任何可能引起對方懷疑對話目的的言行。其實我們說話、做事常常跟著直覺走，不用大腦思考，例如開車在一條熟悉的路線（從家裡到辦公室，走了千百遍的路），我就不太用腦袋。有時我下班回家後才發現，自己完全沒印象是怎麼開車回家的，也想不起來路上發生過什麼事。這是因為我開車回家已經成為一種非常固定的行為模式，所以我的大腦可以開啟自動導航，讓我不太需要刻意的覺察，就可以到達目的地。但如果開車的過程中有什麼不尋常的事情發生，我的大腦就會立刻打開意識開關，讓我準備應對可能出現的危險。

這種「自動導航」的行為也會出現在套話過程中。和他人交流的時候，其實我們的大腦也常常開啟自動模式，沒怎麼思考，只是按照平常的套路走。事實上我們一整天有很多時間都處於自動模式，好讓我們能空出大腦去思考別的事情，或隨便想東想西打發時間。套話技巧設計的原理就是要模擬人類的自然行為，而這些行為能誘導套話對象，下意識地自動回應套話者的問題，正如我們開啟自動模式的時候，我們也不太知道自己在說什麼或在做什麼。在這種狀態下，除非套話者說了什麼或做了什麼讓對方從自動模式驚醒，否則套話對象就會不知不覺透露許多敏感或私人的資訊。

本書介紹的套話技巧有個很大的優點，那就是──如果運用得當，被你套話的對象還會很喜歡你。套話本身並未帶有敵意或對質的意味，事實上，套話技巧最棒的運用時機是親切融洽的家常對話。大家都會跟自己喜歡的人說話，討厭的人則一句話都不想跟他說。下一章我會告訴各位套話的基本技巧，讓你可以和初次見面（或不太熟）的人馬上相處愉快，要不然就是跟已經很熟悉的人相處更融洽。套話的關鍵要素，在於迅速創造融洽氛圍，尤其對象是陌生人的時候更是如此；更重要的是，如果能很快地與對方建立交情，對方還會很期待未來能有機會見到你，然後他又會不知不覺透露給你更多敏感或私人的訊息，甚至連高度機密都可能說給你聽。

切記：只有當套話者能成功讓被套話的對象覺得開心自在，套話技巧才有可能發揮最大效用。成功的套話能產生一個雙贏的局面：對話結束時，你得到了你想要的真實情報，而被套話的人也會抱著好心情（以及對你的好感）離開。

隨身帶著走的實話探測工具

資訊，是人類交流的命脈，我們都想知道別人的想法和感受。不過顯然大家都不願意透露個資，以免身份遭人冒用或被拿去幹其他壞事；大家也不太願意展現自己的真實感受，尤其當今環境充滿政治色彩，最好不要表達自己的真實感覺，才不會碰到尷尬的社交情境。商人也會故意隱瞞資訊，以戰勝競爭對手或增加自己在談判桌上的優勢。青少年被爸媽問到社交生活時，也常言詞閃爍，逃避回答。有些人甚至會對另一半有所隱瞞。

若你知道如何套出他人的真實想法和感受，你就能增進彼此的交情，無論你和對方是家人、朋友還是工作關係。當你知道對方真正的想法，你就更有能力以雙贏的方式解決問題。學會探查別人的真心話，你就能做出讓每個人都覺得滿意的決定，或者至少做出大家都能接受的決定。

套話技巧也能幫助父母跟孩子建立更良好的關係，尤其是跟青少年子女建立好關係。畢竟，孩子在青少年時期往往不願和爸媽談他們心裡的想法、感受以及日常生活。如果套話技巧運用得當，就能創造一個「孩子自己想要和爸媽好好談談」的環境，這樣一來，父母才能有更多機會教導孩子如何處理現在面臨的問題，以及未來成為大人後會碰到的挑戰。

個人的人際關係也可以受惠於套話技巧。在很多種關係裡（尤其是認識不久的時候），有些人不太願意透露太多關於自己的信息，或者是避免尷尬，也可能原本話就不多。然而，一個人和別人分享越多關於自己的信息，他和別人的關係就越緊密。因此，若能妥善運用套話技巧創造一個使他人樂意分享更多個人信息的情境，那麼就有可能產生更多有意義的對話，人與人之間的關係也能更親近。

在這個競爭越來越激烈的世界裡，商業人士也可以利用套話為自己贏得關鍵優勢。在今日的全球化經濟中，唯一不變的就是一切都在改變。越來越多企業發現要存活、要獲勝，就必須盡力蒐集對手情報，同時也要努力保護自家重要資訊不外洩。企業走向昌盛或破產的關鍵，就在於做出正確的決策。這本書會教你各種套話技能，讓你能蒐集到真實情報，為你的公司或組織帶來競爭優勢，你甚至不用另外花大錢向外找情資顧問，你靠自己就能在業界保持領先。

航向只有真相和實話的世界

一旦你學會、並能靈活運用本書所教的各種技巧，你也可以成為活體實話探測儀。想要成功，有部分取決於你自己的努力。套話這門功夫，就跟世上其他萬千種技能一樣，都需要花時間練習，經常使用，才能真正融會貫通。但你一定可以做到！我教過各行各業的人成功運用這些技巧，這些人和親愛的讀者你沒什麼不同。而且請放心，你的努力一定會有滿滿的回報。如果你能在對方轉換成「說謊模式」之前就讓對方不自覺說出實話，那麼這場對話肯定是你佔上風。

為了讓接下來的章節發揮最大作用，請各位細心研讀各種技巧，選擇你覺得運用起來最自在的那些技巧來練習。當然，你會的技巧越多，就越能讓別人對你說實話。書中每個技巧都以真實案例來解說，來幫助各位更好的學習，也讓各位了解運用套話技巧之後，對方會樂意提供何種信息。

學會套話技巧還能讓你對套話技巧免疫；**一旦學會了，別人就無法用這些方法來對付你。在這本書裡，你會學到如何察覺別人在套你的話、如何自保，同時還能跟想套你話的人繼續保持友好關係**。這樣的知識是很重要的，書裡有些案例會告訴你，如果套話技巧掌握在錯誤的人手中，而且大眾還不知道，那麼這套技巧甚至能用來從事企業間諜行動。

最後，在本書結尾，你會看到兩項「自我檢定」測驗，你可以驗收自己的學習成果，我相信你一定能拿高分！

本書會指引你更深入了解他人真正的想法和他們掌握的信息，協助你正確解讀他人的行為。作家巴里・隆恩（Barry Long）曾說：「你無法教別人何謂真相，但真相總是很快被準備好發現真相的人察覺。」現在，各位親愛的讀者，你們的發現真相之旅即將開始。

第二章　和諧氛圍：獲取真心話的基本工具

放下身段，反而能佔上風。真的就是這麼簡單。——香農．奧爾德

When you lose your ego, you win. It really is that simple——Shannon L. Alder

無論你只想種出一片美麗花圃，還是想栽種大量經濟作物拿到市場上賣，都要做同一件事：事先做好準備，才能夠達到最佳預期成果。例如施肥、選擇合適的種子或球莖、依照不同的條件（時間、溫度、土壤濕度與密度等）播種，這一切都是為了讓你的努力能順利開花結果。

想要成功獲取對方的真心話，一樣要做好準備工作。當然，你也可以跳過本章（本章主題是如何做好前置準備），直接看後面幾章的套話技巧，然後試著用這些技巧，從你鎖定的對象口中套出真話，這樣還是有可能成功的。正如我若在庭院裡隨便撒些蔬菜種子，最後也可能種出一大堆紅蘿蔔和番茄。不過，若沒有做好準備工作，成功的機率就會大幅下降。因此，如果你希望把「順利收割實話」的機率提升到最

高，那你就得先「犁田」。換句話說，就是你要和套話對象建立非常和諧的關係，這樣最有可能成功取得你想要的真話。在本章中，我就是要跟各位聊聊這種和諧的關係以及營造和諧氛圍的方法。

你能得到的不只是實話

第五章提到更多獲取真話技巧的時候，還會進一步解說為何要、如何建立雙方的和諧氛圍。但基於另一個很重要的理由，我們必須去理解為何要、如何建立雙方和諧關係。這個理由就是：只要你學會了建立和諧氛圍，日後就算你從來不使用這項技能來獲取任何人的真心話，你在其他方面仍是受用無窮。

營造和諧氛圍和正向人際關係之間的關聯，已經有許多充分且深入的討論，在這裡我簡單回顧幾個重點，好讓你知道在談話之前、談話之中有哪些小撇步可以讓對方說出實話。學會了之後，營造和諧氛圍這項能力就會變成你的第二天性，未來你和他人相處時會自然而然地運用出來，就像我下班開車回家時雖然沒有意識到自己在開車，但我還是能把車開回家。

和諧氛圍

我們可以把「和諧氛圍」想像成連結兩人（或更多人）的正能量橋梁，當你想要從某個特定對象口中獲取一些真心話，那麼和對方打好關係一定有助於他向你敞開心扉。如果你想套話的對象是個陌生人，例如你為了買東西而接近的銷售員，那麼營造和諧氛圍就相當簡單，需要的時間也很短；但若你要套話的對象已經認識你、甚至把你視作威脅，那麼和諧氛圍就沒那麼好營造了。不過，這也不是不可能的任務。

想想先前說過的，二戰德國審訊大師沙爾夫的例子，當時被他審訊的美國戰俘不可能把他當朋友，但他還是能用某些營造和諧氛圍的技巧，來突破美軍的心防，獲取想要的資訊。同樣地，以前我在FBI的時候也常透過和諧氛圍，從罪犯口中套出真相——況且這些人很清楚我的目的是要讓他們認罪坐牢。

所以，到底要怎麼營造和諧氛圍呢？以下特別為各位整理出四項行為策略，這四項策略應用範圍極廣，而且是成功套話的必備技能。

策略1：三大非語言友好信號

一般來說，別人在聽你說話之前會先見到你這個人，因此你在開口說任何話之前，一定要讓對方對你有正確的印象。我們的大腦天生就會「掃描」接近我們的人，偵測對方的「非語言行為」，想判定對方是友是敵。這種偵測的功能隨時都在運作，碰到散發敵意訊號的人，我們就會躲；而散發友好信號的人，我們就會判定「沒有威脅，可以親近」。當你與他人會面，尤其是初次認識的時候，你一定要釋放出正確的非語言信號，這樣對方才會對你有好印象，而不是對你印象普通，或甚至覺得反感。

那麼，到底有哪些非語言友好信號能增加別人對你的好感，幫你做好套話的前置作業呢？如果單純為了獲取真心話，有三大友好信號的效果最佳，能讓他人願意親近你。這三大信號分別是：「閃眉」、「歪頭」以及真誠不做假的「微笑」（沒錯，我們人類大腦有本事分辨真笑和假笑！）。

閃眉（The Eyebrow Flash）

「閃眉」是指眉毛快速上揚一次，做這個動作大概只需要六分之一秒，但卻是非常重要的非語言友好信號。你接近別人的時候，就先用閃眉告訴對方「我不是威脅」。當別人距離我們大約兩公尺到一公尺半左右的距離，我們的大腦就會啟動偵測「敵或友」的信號。若大腦偵測到對方的閃眉動作，透過這種非語言溝通機制，大腦就會告訴我們「他是友，不是敵」。大多數人從來不曾發現自己會閃眉，因為閃眉算是無意識的動作，所以很多人一輩子都不曉得自己常常發出這種非語言信號。

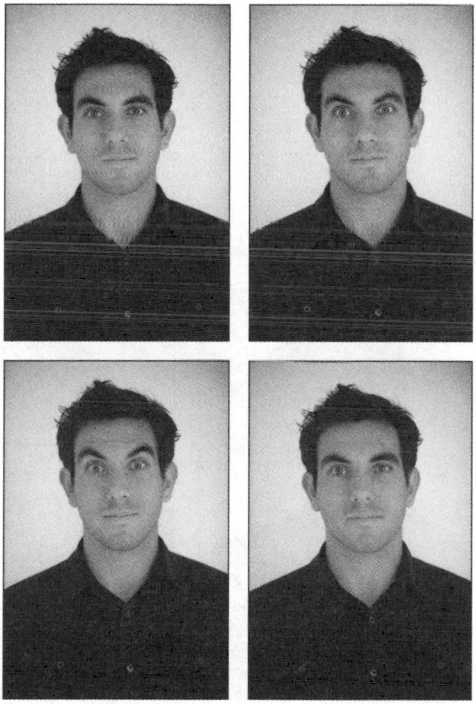

自然的閃眉就是以下圖片裡的樣子，不過在現實生活中，閃眉看起來不會那麼誇張，因為這個動作非常短暫，這也是為什麼我們稱之為「閃」眉，意思是很快速。

當你對他人做出友好的閃眉，你也會和對方有非常短暫的眼神接觸，尤其當你不認識對方，或者還不熟，眼神接觸的時間就會很短；若兩人之間眼神接觸的時間較長，表示這兩人之間有強烈的情感鏈結——此時眼神接觸是為了展現愛意或敵意。一般長時間的眼神接觸其實會讓人很不安，因此一般情況下我們和他人的眼神接觸大概不會超過一、兩秒。如果在公共場所一群不相識的人待在一起，彼此之間的眼神接觸往往只有零點幾秒，大多數人甚至會完全避免和他人有任何眼神接觸。

歪頭（The Head Tilt）

把頭稍微歪向左邊或右邊，也是一種表示自己不具威脅的信號。歪頭這個動作會讓人把頸部兩側的頸動脈暴露出來——頸動脈是輸送充氧血到腦部的重要血管，若頸動脈被割斷，人會在幾

分鐘內死亡。如果感受到威脅，人會本能地縮著脖子以保護頸動脈，相較之下，若是和不具威脅的對象碰面，就會自然地露出自己的頸動脈。

歪頭是一種很強烈的友好信號。互動時會稍微歪頭的人通常會讓對方覺得很可靠、很有魅力。此外，如果互動的時候把頭歪向對方，會更加讓對方覺得你友善親切還很誠懇，如果你講話的時候把頭擺得直直的，就不會有這種效果。

如這張照片顯示，連狗狗歪頭都有同樣的效果，你看到照片裡的狗狗應該會馬上認為牠是很親切的小狗，你一靠近就會過來舔你的手（正是因為牠歪頭，你才更有可能這麼想）。

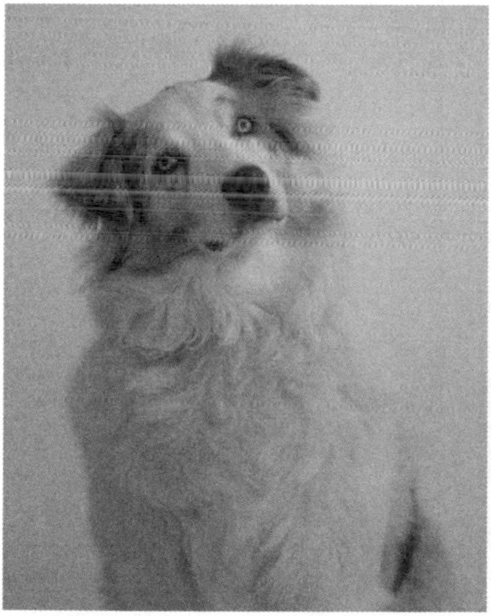

歪頭這個動作在整個動物界都能釋放出親和力。

微笑（The Smile）

微笑是強大的友好信號。大家都認為微笑的面容比較迷人、比較討喜，不會給人壓力。微笑顯示了自信、快樂、熱情等特質，不過最重要的是，微笑也表示包容接納。一個微笑就可以讓人覺得很親切，也讓微笑的人魅力加分。僅僅一個微笑，就足以讓人的心情變好，也更願意接納他人。

微笑能夠促進腦內啡的分泌，而腦內啡能帶給我們幸福的感覺。當你對別人微笑，對方通常也都會報以微笑。當別人回報你的微笑時，他們也覺得開心，覺得自己很重要。而你如果有辦法讓別人開心，讓別人覺得

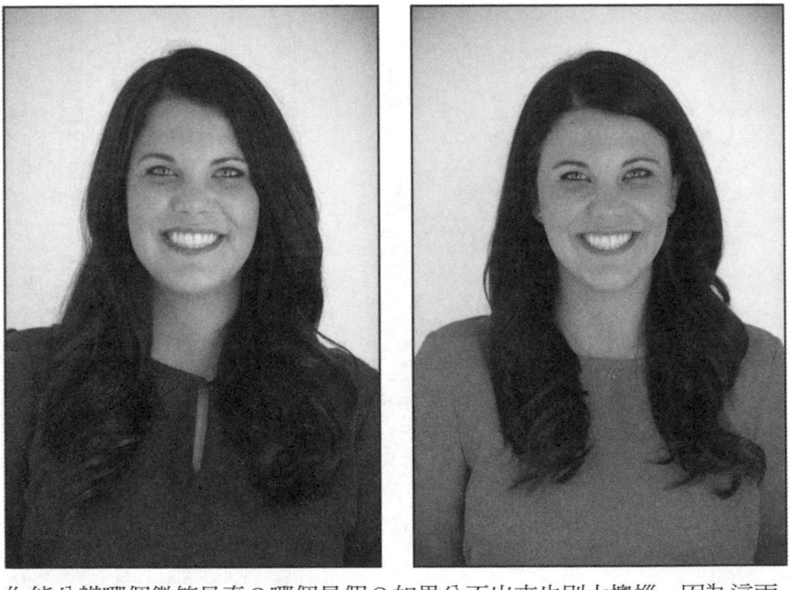

你能分辨哪個微笑是真？哪個是假？如果分不出來也別太懊惱，因為這兩個都是真的微笑！

自己很重要，別人就會很喜歡你。

不過微笑有個問題，而且這個問題，早就被科學家和觀察力敏銳的人察覺到了。微笑分成「真心」、「虛假」、「硬擠出來」的微笑。我們對於真心願意交流的對象，或者原本就認識或很喜歡的對象，都會展現真心的微笑；但如果是社會責任或職業需求，要求我們對某人或某些人表示友好，這時我們的笑通常就是假笑。

如果你希望某人能跟你分享他真實的想法，那麼你的微笑一定要真心。所謂真心的微笑有幾大特點：兩邊嘴角明顯上揚、兩頰上抬，眼睛周圍出現皺紋（因為笑瞇了眼）。與真心的微笑相比，硬擠出來的假笑通常不太對稱——右撇子的假笑通常明顯出

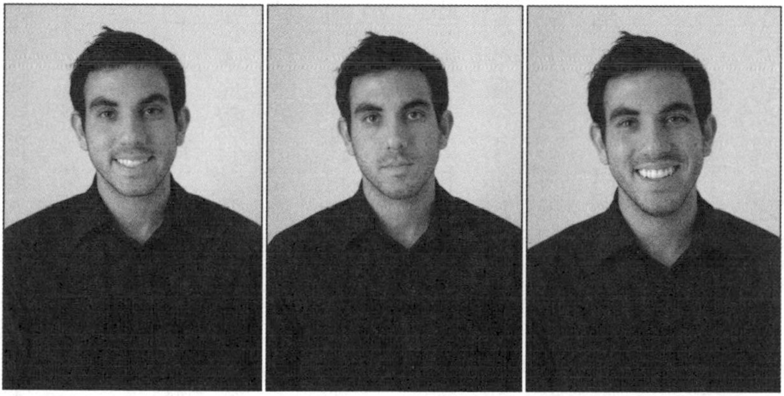

左圖是假笑，右圖的微笑才是真的，中間則是用來對照的中性表情。

現在右臉那側，左撇子則是左臉比較明顯。假笑還有「時差」問題，也就是說，假笑出現的時間會比真笑來得晚，而且笑容淡去的樣子也不太自然。如果對方是真笑，他的兩頰會抬高，眼睛下方會出現臥蠶，眼角出現魚尾紋，有時鼻子還會略為下降。如果是假笑，則會看到對方的嘴角並未明顯上揚、兩頰也沒有抬高到使眼周出現皺紋的程度，真笑的幾大特點全都看不到。當然，年輕人的皮膚比較有彈性，因此眼周比較少因為笑產生皺紋，但是我們的大腦還是分得出來真笑和假笑的差異。

請謹記，你微笑的方式，會影響套話的成效，所以你要練習「隨時隨地擺出真笑」，特別當你沒有心情笑的時候，更要練習。你可以好好研究本章當中的照片，再想想你平時看到的各種笑容，接著站到鏡子前面，試著練習真笑和假笑。這其實不會很難，你只要把自己代入不同的情境就可以做到，例如想像一下你現在想要對於你最愛的人表達感激，或者是在家庭聚餐的時候你被迫要擺出笑臉給討厭的親戚看，以及擺出笑臉面對職場上的奧客。請好好練習「真笑」，練到習慣成自然，那麼你的微笑就可以在關鍵時刻派上用場。

美國演員威爾・羅傑斯（Will Rogers）有句名言：「你永遠不會有第二次機會，在別人心中留下優良的第一印象。」你只要想到：別人在聽你說話之前，都會先看到你這個人，你就可以理解微笑、歪頭、閃眉這三大非語言信號的重要性。這三大友好信號會讓你的套話任務事半功倍。

策略2：友誼的黃金定律

只要你想和他人建立良好的關係，無論這段關係持續時間是長是短，你都必須遵守友誼的黃金定律。如果能好好運用這項定律，就能讓套話進行的更順利，因為這項定律能讓對方更願意透露你想要的真相。

黃金定律：讓他覺得受肯定

友誼的黃金定律是這麼說的：**如果你希望別人喜歡你，你必須讓他們覺得受到肯定**。不要小看這條定律的威力，它不但能幫你交朋友，還能讓對方願意對你說出實話。過去我身為FBI特工，必須和三教九流的人打交道，設法說服他們提供機敏資訊，幫我打探消息或是坦承罪行。能夠成功完成這些艱鉅任務，關鍵是我有辦法讓他們很喜歡我，因為我總是盡力讓對方感受到尊重和肯定。

有時要做到這點並不容易。有一次我處理一個戀童癖，因為我自己有孩子，我連基本的「想對他保持禮貌」都做不到，更不用說還要讓他「覺得我尊重他，肯定他」。然而，在偵訊過程中我還是強迫自己保持客觀，言語當中不要帶著憤怒和威脅。幾次審問後他終於認罪，當時他說他向我認罪的唯一理由是我夠尊重他，而且沒有先入為主判定他的行為有罪或無罪。

如果你與某人碰面的時候，可以讓他覺得自己受到肯定，他就會非常想要和你再次碰面，以便再次體會那種被肯定的美好感受。要達到這個目的，唯一的障礙是我們的自我。沒錯，我們的自我中心會阻礙我們實踐友誼的黃金定律。大多數人都覺得地球是繞著自己旋轉的，自己才是眾人關注的焦點。不過，如果你希望別人覺得你親切又迷人，你一定要拋開你的自我意識，你要關注的是對方的需求和處境。當你讓別人（而不是你自己）成為受到關注的焦點，別人就會喜歡你。

想想看：我們其實很少用這條強大的定律讓別人更喜歡我，讓別人感到被肯定，這真的很可惜。我們都太忙著關注自己，而不是關注和我們互動的人。我們總是把自己的慾望和需求擺第一，別人的欲望和需求都是其次。矛盾的是，唯有當你先把別人擺第一，別人才會喜歡你；別人喜歡你的話，才會很樂意滿足你的慾望和需求。回到獲取真心話這件事來說，對方要先喜歡你，才會如你所願對你掏心掏肺。

以下介紹三項營造和諧氛圍的技巧，這三項技巧可以增加別人對你的好感，滿足友誼定律的要求。你可以根據不同的情境、對象以及你的心情，來決定套話時要用哪一個技巧，或者三個技巧同時使用也可以。使用時，依舊能夠實踐友誼的黃金定律。

1. **運用同理心論述**。若你已經運用了前面講到的非語言友好信號（見策略一），為你的和諧氛圍打下了基礎，下一步就要採用同理心論述——這有點像是說幾句貼心話，讓對方覺得自己被肯定（說貼心話是相當簡單有效的方法，對方很快就會覺得自己被肯定）。接下來幾章我們還會進一步討論同理心論述。

當你很貼心地對別人說「你今天看起來過得不太順耶」或是「你今天看起來很開心耶」，會讓對方知道有人在注意他，關心他。這樣的關注會讓他們覺得自己受到了重視，更重要的是，會讓他們很容易對於「發送這類關注的人」產生好感，而這個人就是準備套話的你。請回想一下，沙爾夫的審訊便是奠基於同理心。

基本上，當對方展現出特定的語言或非語言行為，我們就可以用貼心話來回應，也因此，貼心話的主題可說是五花八門。要說貼心話，首先你可以判斷對方的情緒狀態（你今天看起來很開心／很難過耶……），接著你可以表達你了解並肯定對方為什麼會有這種感受或行為（唉……經歷這種事，你會生氣很正常），再來你可以展現你對他的尊重（你絕對有權利說這樣的話），最後你還可以從對方的觀點給予支持（我們可以一起找出解決這個問題的方法）。

說貼心話時，請避免這幾種常見的錯誤。首先是逐字重複對方的措辭。

對方：我老闆給我太多工作，我做不完。

你（想取得真心話的人）：喔，你老闆給你太多工作你做不完啊！

當你想利用貼心話來達到友誼黃金定律的目的，千萬要記得，不要逐字重複對方說的話。因為在自然對話的情況下，我們很少這樣講話，所以若你逐字重複對方說出來的話，對方的大腦會立刻偵測到異常，然後啟動防禦機制。這不是你希望得到的反應。還有，直接重複對方的話也可能會讓人感覺你姿態很高、逐字重複是為了嘲諷。所以，千萬不要這樣做！

在以上的例子裡，對方因為工作太多而苦惱，你的回應也必須反映出同樣的情緒，但不要逐字照抄。以下是比較好的貼心話範例：

對方：我老闆給我太多工作，我做不完。

你（想取得真心話的人）：天啊，有那麼多工作要做，你一定很崩潰吧！

另一個說貼心話時常見的錯誤是沒讓對方成為對話焦點。例如：

對方：我老闆給我太多工作，我做不完。

你（想取得真心話的人）：我懂你的感覺，因為我老闆也給我很多工作。

如果這樣回話，你（想取得真心話的人）並沒有把對話的焦點放在你的目標上（就是對方），而且這樣回話也違背了友誼黃金定律。你怎麼會懂他的感覺？只有他才真正懂自己的感受。因此，這種說法反而可能造成對方反感，還可能反詰問：「你怎麼懂我的感覺？你又不是我……」

貼心話的基礎句型是「所以你……」當然，說貼心話的方式很多，但這個基礎句型能讓你養成一個好習慣：把對話焦點放在對方身上，讓對方覺得受到尊重和肯定。若你希望別人都喜歡跟你做朋友，那麼講貼心話是非常簡單有效的技巧，因為每次別人只要跟你說話，他們都會覺得受到尊重和肯定。而且最棒的是，別人不會察覺到你正在刻意運用這樣的技巧，他們只會理所當然地認為，自己理當受到你的關注。他們不會覺得你的行為有任何反常之處（他們的大腦不會把貼心話解讀為異常或是值得警戒的行為）。

當你能把基礎句型運用自如，就可以開始進一步應用更複雜更進階的貼心話。以下有兩個說貼心話的例子，第一個例子用「所以你……」這個基本句型，第二個例子是稍微進階一點的版本。

範例一

喬治：我這週真的超忙。

湯姆：所以你這幾天都沒什麼休息時間吧！

範例二

喬治：我這週真的超忙。

湯姆：過去幾天我看你真的很難得休息。

真正到位的貼心話，能夠覺察到對方訊息中的情緒要素，務必記得讓對話的焦點一直保持在對方的身上，而不是在你這個想要從他口中獲取真心話的身上。

在對話過程中，想獲取對方口中的實話，就可以說些貼心話，這樣有助於讓對話繼續進行下去。如果對方不講話了，你卻想不到怎麼接話，這段尷尬的沉默會嚴重影響套話的進行。如果你真的想不到要說什麼，那麼就試著說點貼心話吧！你必須記得對方上一句說了什麼，然後根據這項資訊說些貼心話，這樣對方就會繼續講下去，讓你有時間想些更有意義的話來說。

當你真的無話可說，說些貼心話遠比說些不恰當的話來得好。記住：你說話的對象不會發現你是在用同理心論述應付他，因為你說的貼心話會被他的大腦解讀為「正常」，所以對方不會注意到你的意圖。

2. **讚美和奉承**。另一個實踐友誼黃金定律的方法是讚美他人。不過讚美也有風險，因為對方有可能會覺得你的讚美很虛偽，或認為你無事獻殷勤，非奸即盜，因此你的讚美反而會讓別人對你留下壞印象。畢竟，沒有人喜歡被利用或被欺騙。如果你跟某人說他某方面很厲害，但他知道自己一點都不厲害，那他就有可能懷疑你居心叵測，因為你對他的評價，和他自己實際的表現，兩者差太大了。

然而，這世上當然有非常高超的讚美方法，不會出錯。這個方法是要引導對方：讓他自己稱讚自己。此法能避免稱讚聽起來不誠懇的問題。如果是他自己稱讚自己，就沒有所謂誠不誠懇，而且一般人如果有機會稱讚自己，都不願意錯過這樣的機會（而這個機會可以由你慷慨提供）。

讓別人自己讚美自己的關鍵是：你要透過對話，引導對方肯定他的自我特質或成就，讓他自動讚美自己。當人一讚美自己，就會覺得很開心、覺得自己很重要；於是，根據友誼黃金定律，他們就會很喜歡你，因為你讓他們覺得自己備受肯定。以下是一個典型的範例，告訴你如何引導對方稱讚自己：

布萊德：你最近工作好忙喔！（貼心話）

克莉絲汀：對啊，過去三週我每週工作六十小時，就為了完成一份企劃。

布萊德：要完成這麼重要的企劃，一定得超拼、超用心耶！（這樣說的目的，是為了讓克莉絲汀有機會稱讚自己）

克莉絲汀：（想了一下）為了做完這個大案子，我真的犧牲了很多，如果要我說的話，我覺得我表現得很棒。

布萊德讓克莉絲汀有機會讚美自己的努力，讓她覺得自己很棒，而且因為布萊德是用簡單的貼心話來引導對方，所以克莉絲汀順勢開始稱讚自己，完全沒察覺布萊德可能別有意圖。讚美有很多種形式和程度，早在大約一百年前，戴爾・卡內基在《如何贏得友誼並影響他人》一書中就強調了讚美的力量，他建議讀者認真去觀察一個人，看看能否從對方身上挑一樣他可能很自豪的東西來讚美。這個策略背後的道理很明顯：如果對方為了裝扮自己，特別穿戴某件服飾或把鬍子修得很有型，那麼他們通常都會很高興有人注意到他們精心打扮後的外表。

當然，今天要稱讚別人的外表（服裝、髮型、身材等）要特別小心，但如果你的讚美恰當得宜，對方就會覺得受到肯定，也會因此更喜歡你。這就是在實踐友誼黃金定律，打下了後面和諧氛圍、成功取話的基礎。

如果你不想冒險去讚美別人的服裝造型，還有非常多其他的東西可以給你讚美的話題，像是生日、結婚紀念日、小孩出生、婚姻美滿、獲得社會榮譽、找到新工作、獲得升遷、加入某個團體、在工作或業餘嗜好上面有了卓越成就、買車買房等等。甚至連你能說出對方的名字（在對方沒有預期你知道他名字的情況下），都可能令他受寵若驚。馬克．吐溫說過，語言裡面最暖心的詞彙，就是一個人的名字。能夠拿來讚美的事物多不勝數，只要你想得到的，都可以成為讚美的契機。

讚美之所以能讓別人喜歡你，主要有兩大理由。第一，讚美能讓對方感覺被肯定，進而增進了自信；第二，讚美能讓對方覺得你有在關心他們，所以你才願意特別花時間去關注和評論他們生活的某些層面。如果別人覺得你夠關心他們，他們就更有可能喜歡你。著名勵志演說家金克拉曾說：「別人不會在乎你知道多少，除非他們知道你有多在乎。」這句話直接道出為何讚美能博得好感的關鍵。

你稱讚別人的時候，記得要誠懇、不浮誇、可信度要高。我在前面說過，如果你跟某人說他某事做得很好，但他很清楚自己其實表現很差，那你的稱讚不會有好結果。若你能讚美得宜，讓別人更喜歡他們自己，那麼他們喜歡你的機率也會提高，這樣就能創造有利於套話的情境。

3. **找出共通點**。若你想要快速營造和諧氛圍，可以試著讓對方聊聊他有興趣的事物。例如，如果你知道他喜歡釣魚，你就可以問一些關於釣魚的問題（你怎麼會對釣魚有興趣、你喜歡哪種釣魚方式、你抓過最大的魚是什麼），以此表示你對釣魚也有興趣。人都喜歡聊自己喜歡的事物，如果你給對方機會聊他喜歡的東西，那他也會很喜歡你。

如果你跟對方有「共通點」，就可以很自然地展開對話，開始建造和諧的氛圍。例如，假設你看到某個人戴著芝加哥小熊隊的棒球帽，而你也是該隊的球迷，那你就可以很自然地以此為話題跟對方攀談、建立交情。就算你不是小熊隊的球迷，你還是可以利用這項資訊看看你跟對方有沒有其他共通點（例如你們兩個可能都喜歡棒球、住在同一個城市、對運動博弈都有些看法）。

興趣相投的人比較容易建立和諧的關係。當你想要從某人口中聽見真心話，可以先想一想（如果時間允許的話）你和他之間有沒有共通點，可以幫助你營造和諧氛圍。當然，如果你跟對方是在社交場合或職場上認識的，那麼你們已經有共通點，可以建立交情了。例如，如果我在電子用品展或全國房仲大會，或是正在參加牛仔競技會或錢幣展銷會，而我又剛好在這樣的場合遇到我想要套話的人，那我就非常有機會能夠以我們的共通點營造和諧氛圍。

策略3：積極傾聽

如果你聽不進別人說的話，那就算你學會了套話技巧也沒有用。智者曾說：「溝通是雙向道，別讓它成為單向道！」但很可惜，對大多數人而言，溝通最後往往都變成單向道。我們大多以為只要別人聽得到我們的聲音，別人就「自然而然」應該聽懂我們在說什麼。然而，事實並非如此。想一想你過去有多少次與人交談時，因為頭腦放空而突然完全不知道對方剛說了什麼；或者你在某個社交或職場剛認識某人，但才過了一會兒你就連他的名字都想不起來了。「左耳進，右耳出」不是俗話，而是真實反映了我們平常怎麼聽別人說話：雖然聽得到別人說話的「聲音」，但大腦卻沒有好好處理「訊息」。也就是說，別人說話我們「聽得到」，但卻沒有「聽進去」，這樣會導致很糟糕的結果。如果有人透露了真相但我們卻沒聽進去，那麼套話還有什麼意義？

無法好好聽別人說話，部分原因在於我們「思考的速度」比「說話的速度」快了四倍，所以我們聽別人說話時很容易「自動轉台」，聽著聽著就開始想自己的事了，無法把對方說的話確實聽進去。此外，很多人與別人交談時，往往腦子裡想的是自己要說的內容，所以根本沒注意對方說什麼。我每個學期在課堂上總會碰到至少一次這樣的例子：某位學生在課堂上問考試相關的問題，我回答完後馬上又有另一個學生問出一模一樣的問題。怎麼會這樣呢？這是因為第一個學生剛剛一定忙著想要怎麼問才好，或者根本在放空，所以完全沒聽到第一位同學說的話。因此，別人在說話時，記得要專心聽，不要去想你接下來要問什麼問題或是該怎麼回答。

練習套話時，若要有效處理聽到的訊息，第一步就是要專心聽對方說話。不認真聽對方說話可能是有效溝通的最大障礙。如果沒有積極傾聽、只是一直想著接下來要問什麼好讓套話持續進行，那就很有可能遺漏關鍵資訊，最後瞎忙一場。

良好的雙向溝通非易事，仰賴對話雙方一起努力：說話的人知道如何說話，聽的人知道如何聽別人說話。我會教你們如何說話引導對方說出真話，但同樣重要的是，我也想提醒各位務必專心聽對方說話，這樣套話技巧才能發揮最大效果。

好消息是，積極傾聽是每個人都能學會的技能。它也是一項你一定會想要培養的技能，因為不只套話的時候用得到，平常想和他人順利溝通，積極傾聽也是關鍵要素。好好聽別人說話之所以被稱作「積極傾聽」，是因為你真的要很積極：你是有意識地努力把注意力聚焦於說話的人，自己不可以放空，也不去想自己接下來要說什麼。不可以被任何事分心。

積極傾聽並不容易，我們大多數人都不習慣這麼做，但只要經過練習，會變得越來越簡單，甚至習慣成自然。這裡列出幾項積極傾聽的要訣，你若是希望能成功套話或順利溝通，就必須精通這些方法：

❶ 別人說話時，專心聽別人說話的內容

專心聽別人說了什麼，不要神遊，不要讓腦袋裡其他想法干擾你的專注。溝通時最常見的錯誤（通常也是最嚴重的溝通問題），就是沒有認真聽對方說話。以下給各位看一個不認真聽話的極端案例。

二〇〇七年，愛荷華州參議員克雷格（Larry Craig）在明尼亞波利斯—聖保羅

國際機場的廁所遭到逮捕，引起全國關注。結果證明，克雷格議員是在錯誤的時間地點試圖做出錯誤的事情——他當時正想進行性交易，找上的對象卻是警方喬裝的賣淫者。若要確認該議員的確試圖進行非法性交易，就必須確認他是否曾發出嫖客常用的兩個「暗號」：第一個暗號是在廁所隔間內，把自己的腳申過隔板底下的空間，去碰隔壁的人的腳，第二個暗號是用手穿過隔板底下跟隔壁的揮手。克雷格就是對臥底警察釋出這兩個暗號，所以才被當成企圖非法性交易的嫖客逮捕。

克雷格被拘留後，以下是警訊中的實際對話節錄：

警探：嗯，好，我想一開始……呃……我先來聽你描述整個事件，好嗎？

克雷格：嗯，我就跟平常一樣走進廁所，我也是因為工作關係才來這裡的。

警探：嗯。

克雷格：我坐下，嗯，上廁所，呃……你說我們有腳碰腳，我想我們的腳的確有碰到……呃……因為我有靠向隔板，然後把手伸到隔板下，嗯……接下來就是隔板下傳來一張紙條寫著「警察」……（嘆氣）……我能說的大概就這樣了，其他的我都不知道。呃……你的腳靠向我的腳，我的腳也就靠向你的腳，這很正常嗎？我也不知道。那我們的腳有碰到嗎？好吧，我想是有碰到。你也是這麼說的，我不否認。

警探：好，我沒打算在這跟你爭執這些事。

克雷格：我們不會的。

你看出問題了嗎？如果沒看到，請再看一次剛剛的對話內容。有些讀者可能也遺漏了該名警探遺漏的訊息。這名警探犯的錯在於，他根本沒認真聽克雷格議員說的話，議員描述完他在廁所隔間內的行為後，他說他「不否認警探的推測」，也就是說他不否認自己和喬裝賣淫者的便衣警察腳碰腳，但警訊時發問的警探聽見了這段自白之後，警探的回應卻清楚顯示他根本沒認真聽。議員重述了警探的問題，自問「我們的腳有碰到嗎？」然後自答「好吧，我想是有碰到。你也是這麼說的，我不否認。」克雷格議員已經承認和便衣警察腳碰腳了，但不知怎麼地那名警探卻沒聽到議員承認了第一個可用來定罪的關鍵行為。

接下來的情況更糟。在訊問後半段，警探試圖讓議員承認有把手伸至隔板下，這是第二個定罪的關鍵。對話逐字稿如下：

警探：我跟你說，到現在為止被我問過的人在我面前都很老實，我們都互相尊重彼此，而且他們後來也都沒事了。因為所有人都願意告訴我實話，所以我從來沒有讓任何人坐牢。

克雷格：我也不希望你讓我坐牢，而且我認為……

警探：只要你乖乖合作，我不會讓你坐牢的，我不會騙人。我們……

克雷格：我有把手伸到隔板下嗎？我的確有這麼做。

警探：聽好了，議員，我們每天都在跟說謊的人打交道。

克雷格：我想也是。

這段警訊紀錄完美示範了「如何不要好好聽別人說話」。即使只是快速瞄一眼這段簡短對話，就足以發現執法人員根本沒認真聽嫌犯自白！議員已經直接承認他的手有伸到隔板下，但警探居然沒聽到！因此，他又錯過了議員承認第二個可用來定罪的關鍵行為。

這段「廁所奇遇」兩個月後，克雷格終於在地方法院承認犯下輕微不當罪行，遭罰款五百美元，入獄十天（後來暫緩執行），最後被判一年緩刑。還好，那位警探的

「重聽」並未對此案造成太大的影響，不過我們大概可以想像，訊問期間克雷格議員應該很納悶，他一定在想自己到底要承認自己的犯罪行為幾次，這個警探才會聽到。看到居然有這麼多人都不認真聽別人說話，連受訓過的專業人員也不例外，這種事情不管看到幾次我都覺得驚訝。很不幸地，這種事我看過太多遍，想裝作沒看到都不行，尤其當我套話課堂上的學生犯了類似錯誤，我會更有印象。

說到這，就想起另一個讓我印象很深刻的案例。有一次我派幾位學生到附近的賣場，看看他們能否運用套話技巧讓銷售員透露出生日期。學生兩人一組，這樣一人執行任務時，另一人可以在旁觀察並給予評論。兩位奉派到服飾店的學生當中，一人很外向（開朗、健談、愛交際的那類人），另一名則很內向（愛獨處，不太容易跟他人掏心掏肺）。一般來說，外向派說得多聽得少，內向派則說得少聽得多。外向的學生和店員聊了幾分鐘，最後說聲「謝謝」就很沮喪地走出店門，然後轉身對內向的搭檔說（內向搭檔有在旁偷聽對話）：「天哪……我毀了吧？我就是問不出店員的生日。」不料，內向搭檔很驚訝地搖頭說：「你在說什麼啊？你什麼都問到啦？！」由此可見，那位外向的學生太忙著跟店員講話，竟然沒聽到店員早已透露了出生日期！這再次證明：沒辦法認真聽他人說話，會使你錯失重要信息。

❷ 對方說完話，請先等一、兩秒再回應

沉默其實可以有很多用途。第一，沉默讓聽者有時間好好消化對方說的話再回應。第二，這一點點時間差也讓說話的人有機會再補充一些資訊，如果沒有這一丁點空檔，說話的人可能不會主動補充這些信息。人碰到安靜空檔的時候，常會自動多說出一些東西，尤其當套話的人不斷點頭，或是用像「嗯哼」、「很有意思」、「繼續」等語助詞或詞彙鼓勵對方繼續說，說話的人就很可能會再多補充點什麼。

多了這幾秒空檔，原本說話的人有時會多透露一些真相，這些真相可能會讓人難以相信說話的人怎麼這麼容易就說出來了。有次我派受訓學員到賣場練習，有位受訓的海關和邊境巡邏警員負責到一間生活用品店裡面問出店員的生日。結果，這位警員不只問到店員的生日，還知道了店員的全名。當店員說出自己全名之後，受訓警員安靜了幾秒，想看看對方會不會再補充其他資訊。店員居然繼續透露自己其實因為非法持有毒品，正被通緝中，店員接著還補充說自己在美國是非法居留。這番話，讓我們的受訓警員都驚呆了。

那次練習任務結束後，該警員用政府資料庫搜尋該店員的名字和生日，果然找到了非法使用藥物的逮捕令。於是他通知當地警方，不久後店員就被逮捕。由此可見，如果你讓人覺得好像該多說點什麼，他們有的時候會不小心說出太多！

❸用非語言信號讓對方覺得你對他們講的話很有興趣

當說話的人發現對方沒在聽，馬上就會失去說下去的興致。有一個絕佳方法不只能幫助你專心聽，同時也能讓對方感受到你的確有在認真聽，那就是跟對方保持眼神接觸。這也是一種能幫助營造和諧氛圍的友好信號。當然，這不是要你死命盯著對方，而是要你在對方講話時，用大約三分之二到四分之三的時間適時與對方眼神接觸，讓對方知道你有認真在聽他說話。不時贊同地點頭（而不是點頭打瞌睡），以及保持「對話題很有興趣」的姿勢（想像一下：別人對你的談話內容有興趣，及沒興趣時，他們的身體姿態有什麼不同），都能為你傳達出「我很有興趣聽你繼續講」的信號。這麼做能促使對方更想繼續講下去，甚至能主動提供你想要的資訊。

❹努力克制自己，別打斷對方說話

關於這點，外向的人要特別克制自己，因為外向的人很容易在別人話都還沒說完就開始講自己的；事實上，他們還很想幫對方把話說完，好讓自己趕快有機會說話。人都喜歡「能讓自己暢所欲言」的人，特別是在講關於自己的事的時候，大家都希望別人讓自己好好把話說完。有一位不知名的作家曾說：「朋友，就是那極少數幾個會問你過得好嗎，然後好好聽你說完答案的人。」

❺用貼心話來展現你有認真聽對方說話

說貼心話要說得到位，前提是你必須認真聽對方說話或者關注對方情緒上、生理上的狀態。適當地重述對方說的話，就能讓對話的焦點一直在對方身上。

例如，如果你在百貨公司需要協助，但你發現你要找的那位櫃姐看起來很累了，你可能無法得到令你滿意的服務，這時為了讓自己有機會獲得良好的服務，你可以對這位櫃姐說些貼心話，像是「妳看起來忙了一天了」、「今天一整天很累吧」、「妳好像很需要休息」。這些貼心話會讓對方覺得你有花時間關注她的狀況，而且更重要的是，能讓對方覺得受到肯定。

即使是一段無聊的對話，也能因為貼心話而變得有滋有味。假設你同事現在正很興奮地描述他上周末的湖畔之旅有多好玩，但去玩的又不是你，他說的多好玩你也沒興趣。這時如果說句「聽起來你玩得很開心耶」這樣的貼心話，就會讓對方知道你有在聽，你對他的出遊很有興趣。貼心話可說是對話的調味料，如果你能養成說貼心話的習慣，你就會使自己更認真地聽別人說話，別人也會因此覺得受到尊重肯定，而更喜歡你。

要記得，人都喜歡聊跟自己有關的事情，且若自己表達想法時別人能認真聽，就會覺得受到肯定。這又帶我們回到友誼黃金定律：當你讓某人覺得受到肯定、讓他們覺得自己很棒，他們就更有可能會喜歡你，進而告訴你一些或許你很有興趣知道的事情。

❻積極傾聽使套話更加順利

〈十分鐘建立互信〉(Building Trust in Less Than Ten Minutes.)一文作者是麻醉醫師芬柯斯坦(Scott Finkelstein)。他在文章裡描述了天天面臨病患生死交關的醫師日常，指出治療重大傷病時，醫病之間一定要有良好溝通。「面對每一位病人，我都非常專注。」芬柯斯坦醫生說：「我會跟他們保持眼神接觸，專心聽他們說話，並認同他們的感受……病患的恐懼就慢慢消失了，然後他們會很信任我，而且這一切都發生在十分鐘以內。」每個套話高手都懂得好好聽對方說話。哲學家愛比克泰德(Epictetus)兩千多年前便道出這句金玉良言：「我們有兩隻耳朵一張嘴，所以我們聽的話應是說的話的雙倍。」

還有幾項叮嚀

當你想要從對方口中聽見實話，記得先把自己從宇宙中心拉下來。大多數人其實都很自我中心，以為地球是繞著他們轉的。但對於想學套話的人來說，最該學習的技能是在與人互動時暫時不以自己為中心。

要做到這點很不容易。收集情報時最關鍵的不是你，不是你的職位，不是你的專業能力或社會地位。任何套話任務的焦點，都是對方，你們交談的焦點應該是他，是他的職位、專業能力和社會地位。千萬別忘記，積極傾聽的重點是你要全神貫注在對方身上，你要專心聆聽、消化和（必要時）贊同他所說的話。重點不在你身上，你的意見、你當下的心情都是其次。

如果你的存在能讓他人愉快，那他們就會想多花點時間跟你相處。別人花越多時間跟你相處，你就越有機會把對話的主題導向有利於你套話的議題，但只有在你把對話焦點放在對方身上，而不是繼續以自我為中心時，才有可能辦到。

以自我為中心的習慣，不僅會使你問不出實話，還會在生活的各層面造成負面影響。我們來看一個職場真實案例：薇琪大學剛畢業就成功進入一間知名化學企業，獲得人人稱羨的工作。她非常勤奮，工作認真又有效率，還鞭策自己不斷進修，跟上專業領域的新知，而且努力研究高效率、低成本的新方法來幫公司增加收益。有一天，薇琪發現了一個相當創新的方法，能減少製程的成本，於是她跑去找主管報告她的發現。

「你的作法一直都是錯的。」她自信滿滿地跟主管報告：「我發現了一個更低成本的新方法來製造這種化學物。」但讓她錯愕的是，主管不但沒有誇獎她，還立刻駁斥了她的發現，要她少雞婆、把自己份內的工作做好就好。薇琪深受打擊，氣沖沖回到自己的辦公桌，發誓再也不向公司提建議了。

事實上，薇琪原本是好意，但她表達想法的方式卻很糟糕，是她的自我中心造成了她的失敗。她直接說主管的方法錯了，自己才是對的，就算這是事實，但這種說法太傷主管的面子，不可能被主管接受。我們可以想像這位主管聽完薇琪的話後大概立刻回嗆說：「我當主管十五年了，妳哪位？剛入社會吧？先累積點資歷吧！居然敢到我辦公室說我一直以來都做錯了！回去做好自己的工作少雞婆好嗎！」

如果主管這樣回話，那也同樣太過於自我中心，他為了維護自尊而失去了健全的判斷力，沒想到若接受薇琪提出的新方法，可能讓公司增加收益——增加收益這件事極其重要，但他竟然只想著自己的面子，而忽略了最該優先考量的事情。遺憾的是，這種自我中心的習性已經對很多人造成傷害，也扼殺了很多很棒的想法，就連一間優良企業都難以承受自我中心所造成的人才和經濟損失。

其實，薇琪不該說「你的作法一直都是錯的，我發現了一個更低成本的新方法……」她應該先捧一捧主管，這樣對方比較會聽她表達意見。例如她可以說：「老闆，有個方法可以增加公司收益，但我想先聽你的建議。」這樣說的話，主管的意見就成了一段重要對話的開場，而薇琪也能提出她發現的好方法。

培養強大的自信和意志力當然很好，但如果不小心也培養出過度膨脹的自我意識，那我建議你扔掉自信吧！如果你希望和他人有良好的互動，尤其當你在跟權勢地位比你高的人互動、或是正在套話的時候，請拋棄任何以自我為中心的念頭。

別人越不把你當威脅，才會越喜歡你；別人越喜歡你，才越有可能跟你說真話。你可以用這章討論的各種技巧創造一個讓別人容易對你說實話的環境。這些技巧不只能讓你成為很厲害的人形實話偵測器，也能改善日常生活中的人際關係。你每天都會碰到不少人，例如家人、同事、或甚至許多一生僅見一次的陌生人，你都可以運用本章技巧與他們建立良好的關係。

第三章 掌握人的習性是成功取話的關鍵

財產可以放在上鎖的保險箱裡，由層層實體關卡或電子鎖保護。可是所有安全防護網中最弱的一環就是人：一旦上鎖，鎖不會自己鬆開……但人的嘴巴就算一開始鎖住了，也很容易自動鬆開。——佚名作家

Proprietary information can be protected in locked safes, behind a series of physical and electronic barriers. The weakest link in any security chain are humans. Once a lock is locked, it will not unlock itself...but a tied tongue easily unties itself. ——Unknown Author

本章我們將介紹有哪些心理原則會讓人自動自發、不知不覺透露訊息。甘心樂意說出訊息。人類有些基本天性，被觸動之後就會使人滔滔不絕，毫無保留全都說了，而若能善用這些基本天性，套話就容易了。如果你理解這些心理原則，就會知道為何套話技巧這麼有效。而我們發展出來的套話技巧，就是建立在這些可控、可測的人類行為模式之上。接下來是一個生動的例子，讓我們看見這些心理原則發揮作用時，套

話工具可以帶來多大的效果。

必搶的一家珠寶店

有件事向來讓我的學生、FBI受訓探員、企業客戶感到驚訝萬分，那就是：從目標對象口中套出敏感資訊，居然如此簡單！我已親眼見證過不下數千案例，以下跟各位分享其中一個故事。

有次我又派學員到賣場進行套話實戰訓練，我指示一位學員去一間珠寶店跟店員攀談，目標是問出來該店採用何種保全措施。在前去賣場的路上我跟他說：「你就想像你要去搶那間店，所以要事先獲得重要資訊，才能順利搶完脫身。」而我則假裝成他的朋友在旁邊觀察他套話，以便事後給予建議。

這名學員走向珠寶店內的展示櫃，對裡面的珠寶表示很有興趣。接待的店員走過來，學員先跟店員打招呼，接著釋出三大友好信號——閃眉、歪頭、微笑——來營造和諧氛圍。接著他說他想要看戒指，想送女友當生日禮物，於是就有了以下這段對話：

學員：哇：這款好精緻喔！我都想把它放口袋裡直接帶走了。（這個技巧是「推定陳述」，之後會討論。）

店員：嗯嗯，我想你的確可以直接放進口袋裡。

學員：可是我看到你們有監視器，這樣我絕對會被抓吧！（推定陳述）

店員：其實不會耶，那些監視器都是假的。

學員：假的？！（這是另一種技巧，你裝出不可置信的樣子。不過在這個情境裡，我的學生是真心驚訝。）

店員：對啊，看起來很像真的吧！

學員：可是賣場裡有保全欸，他們應該很嚴密在監控吧！（推定陳述）

店員：笑死，我一天大概只會看到他們一次，他們值班的時候只會坐在美食廣場那裡喝咖啡。

學員：那只剩下你了耶，你該不會還要自己負責追搶匪吧！（推定陳述）

店員：拜託，當然不會。老闆說有歹徒就讓他們走吧！

學員：讓他們走？（真心表現驚訝或裝得很驚訝。當然這一次我的學員還是真心驚訝。）

店員：對啊，如果店裡損失不超過一千兩百美元，我們連報案都懶得報。

學員：你的意思是，我可以直接帶走這個價值一千美元的戒指，然後你完全不會報警？

店員：沒錯。

學員：但如果搶的是現金就沒那麼容易了吧！（推定陳述）

店員：我們會把多的現金放在保險箱裡，就在櫃檯後面的那面牆上。

學員：好吧，至少現金是安全的。（推定陳述）

店員：那也得等我們把保險箱修好，現在保險箱的門沒辦法關緊。

學員：我真不敢相信你們居然把錢放在門壞掉的保險箱裡！（真心或假意驚訝。

學員三度真心驚訝。）

店員：現在裡面有兩千兩百元，我剛才放進去的。

接著這名學員開始把對話導向比較不怎麼重要的話題，然後跟店員說他沒看到什麼想買的，我們跟店員道謝後，就離開那家店。

實戰演練後，我和這名學員簡單討論了他這次的體驗。他很驚訝，店員居然這麼輕易就把店內保全系統的弱點告訴兩個完全不認識的人。同樣令人驚訝的是，該店員甚至沒發現自己透露的是很敏感的訊息。換個場景，假設我的學員直接問店員說：「我要搶你們這家店，你覺得容不容易？」那麼學員絕對不會得到那些他用套話技巧所獲取的資訊。這就是套話技巧的驚人效果，好的技巧能助你獲得真相。

根據店員提供的資訊，任何一個壞蛋都可以走進那家珠寶店、選擇一樣或幾樣商品帶走（只要總價不超過一千兩百美元）、悠哉走出店門，完全不用害怕被抓，甚至不用擔心店家報案！更不用說還有機會從沒上鎖的保險箱拿走兩千兩百元現金。

我後來有認真考慮要不要回去提醒那名店員，跟陌生人說話時要謹慎一些，但我最後還是決定算了，畢竟我們練習時偽裝了身分，況且我未來還會繼續用那家賣場讓學生做實戰演練，所以我決定不去提醒該店員，以免影響未來演練的效果。

你們有些人可能跟我的學生一樣，覺得一家珠寶店的店員怎麼可能這麼輕易提供這麼機密的重要資訊。但我並不驚訝，不是因為我已經看過很多類似案例，而是我一開始就知道如果我的學生善用套話技巧，那名店員看似誇張的行為其實都在意料之中。

推定陳述是一種套話技巧，意指套話者故意提供一些信息，表示自己認為這些信息就是事實。這時套話的目標對象有可能會認同或是反駁這些信息，無論反應為何，都是一條寶貴的資訊，這項技巧我們接下來會詳細探討。

天性1：人天生就有糾正他人的本能

人多少都會有些自卑感，自卑感讓我們覺得自己低人一等，覺得別人比較聰明、比較有錢、學歷比較高。但也是這種自卑感，促使我們想要向他人展示我們跟他們一樣聰明、或甚至比他們更聰明。有一個很有效的方法可以讓我們證明我們跟別人一樣厲害、或者比別人更厲害，這個方法就是在別人講錯話或提出錯誤訊息時去糾正他。我們糾正他人的時候，會顯得我們高對方一等，這種高人一等的感覺會讓我們覺得自己很棒很厲害。為了常常重溫這種美好的感受，所以我們只要有機會就要去糾正別人。

前面的章節說過，抑制以自我為中心的想法，學著放下身段，這些都有助成功套話；但從反面來看，若懂得利用套話對象的自尊心，也能大幅提升套出真相的機率。

人通常很難接受有損自我形象的言論，我有位在大學任教的同事曾跟我分享過一個小故事，故事中人物的反應正好證實我的理論。有一次我同事想要打探系上另一位女教授是否也收到考核獎金，如果有的話，金額又是多少（底薪以外的加給資訊並未公開），於是他走向那位女老師說：「嘿，有傳言說妳沒拿到考核獎金耶……讓我蠻驚訝的。」（推定陳述）此時這位女同事的反應只會有兩種：同意他的說法，或者糾正他並維護自己的自尊心（如果她真的有拿到的話）。她立即反駁：「我有拿到啊！」接著我同事又說：「我聽說每個拿到的人都收到三千元。」（這個技巧稱作「第三方觀點」，之後會討論到）女同事聽完搖頭糾正他說：「不是吧！我拿到的是你說的金額的兩倍。」就這樣，我同事運用簡單的套話技巧，輕輕鬆鬆問到他的同事是否拿到獎金、金額又是多少。那位女教授完全不會去想，她透露這樣的資訊可能會有什麼後果，她只是覺得有必要提供正確的資訊。當然，我同事人還是很好的，他用套話技巧問到想要的答案後就對那位女教授說：「不意外啊！妳的確該拿這麼多獎金。」在對方感覺十分愉快的情況下結束這一回合。

然而，即使我們知道別人正在對我們使用套話技巧，有時候還是很難克制自己不去糾正對方。我在課堂上曾親自示範，讓學生體會糾正他人的衝動可以多強烈。我先讓一位學生說明一下她對「糾正他人的衝動」有多少了解，以及這樣的衝動和套話有何關聯。她說完後，我感謝她，然後補了句：「大二學生能有這樣的見解已經很棒了。」那學生立刻回嘴：「其實我是大……」講到這她硬生生停住了，然後咬著牙說：「不行，我忍不住，雖然我知道你的意圖，但我就是很想糾正你。」接著她脫口而出：「其實我大四了。」說完鬆了好大一口氣，她坦然說道：「講出來我覺得好多了。」

不過，套話的人想使用這項技巧必須暫時拋下自尊。糾正他人的衝動可說是雙面刃：人會有糾正他人的衝動，但另一方面，人也很難故意說出自己明知是錯誤的訊息，因為這麼做很傷自尊心，讓自己的地位似乎低對方一等。套話者也是人，也跟一般人一樣會有糾正他人的衝動，也不想低人一等，這樣的心態會讓套話者很難故意說出有別於事實的錯誤訊息。因此，你在套話的時候，要時時提醒自己：說錯話沒關係。套話的目的是要讓對方說出在別的情境中可能不會說出的真相，不是為了提升你的自我形象。

我講課的時候就常常用故意犯錯這招。授課時，我一開始會故意犯一些很小的錯誤，不至於讓學員質疑我的專業能力，例如把某個字唸錯或是在黑板上拼錯某個字，學生都會立刻糾正這些小錯誤。被糾正後，我會裝作有些不好意思，然後大方接受學生的糾正，並稱讚對方上課很專心。這招可同時發揮好幾項作用：第一，糾正我的學生會覺得受到尊重和肯定，因此有助於營造我們之間的和諧氛圍；第二，學生上課時會更樂於互動，不用怕在講師面前犯錯看起來很蠢，畢竟講師自己剛剛也犯了一些錯，所以學生犯錯當然沒關係；第三，小小的錯誤讓我更為平易近人，學生當然希望他們的講師是授課主題的專家，但同時也希望講師能跟他們一樣有些小缺失或小弱點，不要那麼高高在上。

天性2：人天生就有談論他人的衝動

只要事不關己，我們通常會談得更自在。我們都很喜歡聊別人的事情，好讓其他人知道我們是所謂的「知情人士」。在很多案例中，一個人若是不在乎問話的人的看法，或是不在乎自己說出的話會被如何利用，通常都會很自在地聊 。現實生活裡這樣的例子比比皆是，例如某人在自助餐廳無意間聽到同公司另一部門正在研發新產品的消息。為了維持競爭力，產品研發一般來說都是機密，但對這位無意間聽到消息的人來說，只要他個人對這個新產品沒有時間或金錢方面的投資，他就不會覺得有必要保密，就算有人曾經告知他產品研發的事情要保密、不可對外人言說，他還是有可能洩漏出去。

天性3：人都需要被肯定

我們所有人都很希望自己的表現或成就能受到肯定，但有些人特別渴望被肯定。無論是因為工作表現良好而獲得獎金，還是自己的名字被寫在本月最佳員工的公佈欄上，都是很棒的肯定方式。然而，我們更看重的是他人直接給予的肯定，尤其是來自好友、同事或主管的肯定。光是簡短稱讚某人工作做得很好，都有可能因此獲取豐富的信息。這是為什麼呢？因為當人被稱讚就會覺得自己很棒、很特別，此時被稱讚的人往往會進一步提供很詳盡或甚至敏感的資訊來證明他們值得受到讚賞。

因此，覺得自己在工作上沒有受到肯定或賞識的人，最容易成為間諜活動的鎖定目標。約翰·查爾頓（John Charlton）就是很好的例子，他曾在洛克希德馬丁公司大名鼎鼎的臭鼬工廠擔任工程師，該廠專門負責政府的機密計畫。查爾頓負責海軍軍艦的匿蹤科技，但他覺得自己的付出沒有受到賞識，因此他開始偷偷聯繫好幾個外國情報單位，打算出售匿蹤科技的機密。

FBI透過管道發現查爾頓的企圖，於是設了一個圈套，由一名FBI臥底幹員假扮成法國政府的專家與查爾頓聯繫。初次與查爾頓會面時，那名幹員對於查爾頓研究的匿蹤科技大加讚揚，說這技術非常創新，查爾頓真是這個領域的專家，接著又指出查爾頓的期刊論文在世界各地都備受讚揚，在法國甚至被譽為天才。

查爾頓終於獲得了他認為自己該獲得的賞識。為了回報對方的知遇之恩，也為了拿到一大筆錢，他同意出售當時正在秘密建造的海軍實驗艦隻「海影號」所使用的匿蹤塗層配方。就這樣，為了金錢利益以及幾句誇獎，查爾頓背叛了自己的國家。

運用同理心給予肯定是很強大的武器。酒吧裡的調酒師、社工或特別有同理心的人時常會聽到別人訴苦，這些苦可能是真實的，也可能是想像出來的，抱怨的苦主可能工作不順、失業或沒有應徵上想要的工作。此時如果有人能抱持同理心聽他們訴苦，他們就會掏心掏肺訴說心中的沮喪、失落以及未盡的夢想。

天性4：人都愛聊八卦

人都喜歡八卦，但聊八卦跟我之前說的「喜歡談論他人」不太一樣。八卦的主題也是不在場的第三方，但八卦往往聚焦於負面消息，目的是醜化目標人物。如果你在背後談的是關於某人的優點或好消息，那就不叫八卦，而是讚美或羨慕。八卦一般來說都在講他人的外表、成就或行為有什麼可以嫌棄的地方，而有一種不太好的八卦方式就是去討論一些狗仔報紙或社群媒體所報導的名人或素人的故事。

有些人講八卦是為了報仇。一般來說，一個人如果討厭另一個人，通常會設法尋找跟自己一樣討厭那人的同伴。找到同仇敵愾的夥伴後，可以想見接下來的對話就是針對那個人進行一連串批評，這樣你一言我一語地嫌棄後，討厭某人似乎就變得很有道理，也合理化了在某人背後說他壞話的惡意行為。然而，大多數人聊八卦只是為了享受一種掌握權力的感覺；人聊八卦的時候會覺得很輕鬆，因為聊的人會很慶幸自己不是眾人踐踏的目標。

人喜歡講八卦還有另一個原因，那就是聊八卦會讓人覺得自己知道某人的秘密，於是也享受到掌握權力的感覺。為了展示權力和餵飽自己的自尊心，人都會想把知道的祕密跟別人分享。八卦通常是自然而然聊起來的，而且大多時候聊的人幾乎沒有意識到自己在聊八卦，他們可能只是想讓日子沒那麼無聊，或單純想讓對話有趣一點。社群媒體更是聊八卦的好地方，大家還可以匿名聊別人的事情。不過在社群媒體上的八卦通常殺傷力更強，因為這些負面消息的觀眾群非常龐大，而且這些八卦會留在網路上好長一段時間。因此，社群媒體成為很多人事物負面消息的主要來源。

人一旦聽到「你聽說某人……嗎？」或「我真不敢想信某人居然……」這類開場白就很容易被啟動八卦開關。「你聽說某人……」這種開場白後面接的內容，可能是事實，也可能是會讓人忍不住想要糾正的錯誤資訊；「我真不敢相信某人居然……」這種開場白則是鼓勵別人分享他們知道的資訊，以證明他們是「知情人士」。說到最新八卦，大家都想被視為知情人士，如果說知識就是力量，那八卦就是開外掛的力量，能助你套話事半功倍。

天性5：人天生就很好奇

套話高手會善用「好奇心」來獲取資訊。我們甚至不用問些試探性的問題，只要

「知道的事情」和「想知道的事情」之間出現「信息差距」，就會激起好奇心，而好奇心會讓人迫不及待想填補這段「信息差距」。人的好奇心若沒有被滿足，就會感到焦慮，為了減緩焦慮，人會更想要知道自己錯失的信息，好撫平自己焦躁的心情。好奇心也有一種內建的獎勵機制，一旦人獲得錯失的訊息，心裡就會備感輕鬆。基本上人只要達到目的，就會獲得滿足感。

大多數人以為，因為有好奇心，所以我們應該「多聽話、少說話」，以便獲取想要的資訊，但事實剛好相反——人在好奇的時候，其實說的比聽的多。好奇心會讓人一直想發問，而在發問的時候，其他人會覺得這個好奇的人好像很厲害，因為一直問問題讓他們看起來掌控了局面。藉由問問題和別人交心，更能發展出互信的關係，這種信任感會進一步促使對方透露越來越多信息。交換信息也是一種友好的表現，一個人提供越多信息，就會覺得自己跟談話對象的連結更為緊密。人會盡可能滿足自己的好奇心，而這種天生的慾望剛好可以讓套話的人用來找出特定資訊。

在商品促銷活動中也常可看到利用好奇心來影響消費行為。有次我走進一家百貨公司，在門口有人遞給我一張刮刮卡，上面有三個銀色圈圈，我可以刮開其中一個看看我當天購物能享有多少折扣，折扣從95折到5折都有。不過我只能刮開一個圈圈，如果刮開兩個或三個圈圈，那張卡就作廢。我馬上就識破這個行銷手法所運用的心理學原理，我直接把那張卡塞到口袋，沒有要刮的意思。但五分鐘後，我實在忍不住，所以我拿出那張卡用指甲刮開一個圈圈——果然95折。我又很好奇另外兩個圈圈裡寫的是什麼，為了滿足我的好奇心，我決定放棄這次的95折優惠，刮開了另外兩個圈圈——三個圈都是95折，也就是說，無論我刮開哪一個，都是得到95折的優惠。

這項行銷手法利用顧客的好奇心，誘使他們刮開卡片上的其中一個圈圈，因為大家都想試試看能否得到5折的超級折扣。然而，一旦顧客刮開其中一個圈圈，就算只有95折，他們也不太可能放棄到手的折扣去刮另一個圈圈。此外，即使只有95折，顧客還是可能因為覺得自己享有優惠折扣而買更多東西。若不是我知道這個手法的原理，我也有可能為了小小的折扣，而抑制自己的好奇心不去刮另外兩個圈圈。由此可見，好奇心可以驅使人們做出很多事。

好奇心還可以用來賣衣服。服飾店裡常可見到折疊整齊的衣服陳列在櫃子上，原因有二：第一，店家希望你能摸到衣服，如果顧客喜歡布料的觸感，就能增加購買的機率；第二，折起來的衣服能激起好奇心，顧客會很想知道衣服攤開來看起來是什麼樣子，為了滿足好奇心，顧客就非得把衣服攤開來，這麼做的同時就一定會摸到布料，如果布料摸起來舒服，購買機率就會增加。當然，情況也有可能相反，如果布料質感差，那麼這種促銷方法反而會造成反效果。但一般來說，服飾店還是會希望增加顧客觸摸商品的機會，很多店家會放置寫著「歡迎觸摸」或「歡迎試穿」的牌子來鼓勵顧客感受衣服的質料。

播放期長達數週甚至數年的電視影集則會故意賣關子，吊著觀眾的胃口，以維持高收視率。好奇心會促使觀眾回來收看下一季，大家都會想知道上一季賣的關子最後結局如何。一旦觀眾回來收看，就很可能會養成持續收看的習慣；若沒有賣關子這招，大家看完一集或一季之後可能就不會再繼續收看了。「待續」這兩個字能勾著觀眾持續收看，正是因為能激起觀眾的好奇心。

天性6：人有互惠的習性

「禮尚往來」是人類天生具備的習性，當某人收到某事物，無論有形無形，都會有衝動想以同樣的方式回報給對方。這種人類習性跨越文化藩籬，是所有人都能認同的心態。事實上，這種習性在陌生人之間所發揮的影響，比在朋友之間還要大。通常是在某個請求或某個行為出現後，互惠的習性會產生最明顯的影響。

有幾個理由可以解釋人會自然而然「回報」他人行為的現象：這樣做除了可以向他人展現正面的自我形象，也可證實自己本性良善。為了提升自我形象，一個人即使不喜歡自己互動的對象，也會做出「回報」的舉動。另外，人也會因為想還「人情債」而做出回報的行為，當我們受惠於他人，我們會想盡快以類似的行為回報對方，心裡才不會覺得有所虧欠。這種禮尚往來的習性對人類的生存至關重要，畢竟人類是群居動物，我們這個物種必須仰賴彼此幫忙才能生存。如果今天我幫助你，明天你就會幫我。

我訊問嫌犯的時候，都會提供他們茶飲，這是執法人員和情報人員在訊問嫌犯時常用的小技巧。這小小的善意往往能刺激嫌犯做出回報的舉動。也就是說，如果我先提供一些東西，嫌犯就會覺得有必要也回饋些什麼給我，而我想要的，當然是嫌犯的自白或是其他關鍵信息。除此之外，餐廳裡的服務生如果在送帳單給客人時附上一顆薄荷糖，通常能得到較多小費。事實上，一些小小的舉動都有可能刺激顧客做出回報，例如在帳單背面寫下自己的名字讓客人知道今日誰提供服務，或是畫一個笑臉，都可能刺激顧客給更多小費。

天性7：人很難保守秘密

保守秘密真的很難。美國開國元勛富蘭克林曾說，只有死人才能保守秘密。「自我揭露」是一種基本的人類習性，因為資訊就是力量，所以一個人知道越多資訊，就會感覺自己越強大。掌握了秘密等於掌握了權力，如果我知道了你不知道的事情，那我就比你厲害，因為我掌握了重要資訊但你沒有。但問題是，想要展現這種高人一等的權力，你必須先告訴別人你知道的某個秘密。各位在練習套話技巧的時候請記得：人只要有機會分享秘密，大多時候都很難抗拒這樣的機會。

要保守秘密必須做到兩件事：第一，你不能透露你知道某個秘密，第二，你不能透露秘密的內容。然而，「告訴別人你知道某個秘密」這個動作，卻能讓你獲得自尊心被滿足的快感，如果你不告訴別人你知道某個秘密，那你就無法顯得高人一等。因此，人都會有衝動告訴別人自己知道某個秘密以及洩漏秘密的內容，好顯得自己比不知道秘密的人厲害。

此外，因為要保密就必須時時保持警覺，所以心裡藏著秘密也會引發焦慮。為了紓解這種焦慮，知道秘密的人其實會很想跟別人說他們的秘密。大多數人會向自己信任或喜歡的人傾訴，而人一旦開始透露秘密信息，心裡那道保密的防禦關卡就會潰堤，套話的時候務必記得善用這點。

天性8：人都把自己看作自己專業領域的高手

大多數人對於自己的職場表現都很自豪，喜歡說自己每天的工作內容，藉由當個優秀員工來證實自我價值。如果我在職場上表現優秀，我就是個優秀的人。為了要鞏固自己的好形象，人時常喜歡談論自己的工作成就。大家也許會討厭自己的工作，但你很少聽到有人說「我工作表現真的爛透了」或「我真的很不適任欸」。人的身分地位和職場緊密相連，所以我們很容易認為自己是職場領域的專家。你可能會罵工作爛、罵老闆爛，但你很難罵自己的工作表現爛，因為這麼做你等於在罵自己爛。為了展現自己的專業，人往往會透露應該要保密的訊息。因此，跟套話對象聊他的工作是很有效的方法，因為對方在聊自己和自己的工作時，很容易透露敏感資訊。

天性9：人時常低估自己知道的訊息的重要性

演員傑克．尼克森在電影《軍官與魔鬼》中有段慷慨激昂的法庭陳詞，這段經典獨白透露許多真相，但真相並不總會以這麼戲劇化的方式出現。人常常掌握一些他們覺得無關緊要的資訊，但他們沒想到的是，雖然他們知道的片面資訊看起來沒什麼價值，但若將這些零碎信息拼湊起來，情況就完全不一樣了（第十四章會看到一個企業間諜案的例子，清楚說明了零碎信息的重要性）。如果一個人只掌握了片面資訊，沒看到更完整的真相，那麼他就更有可能透露他所知道的事情。

身為FBI的防諜特工，我很重視蒐集看似無關緊要的零碎資訊。這些片面資訊若掌握在專業分析師手裡，通常能拼湊出一個完整、詳盡的畫面，並且揭露一些寶貴線索。在社群媒體所建構的大數據時代更是如此，許多人在網路上留下的片面個資被一點一滴蒐集起來，廣告商便能藉著這些資訊，將特定商品瞄準最有可能購買的消費者來行銷。曾經有個著名案例，廣告商想要銷售母嬰用品，於是利用精密複雜的演算法，分析社群媒體使用者的對話發文及搜尋紀錄，想找出可能懷孕的女性。結果，一名十四歲少女的信箱突然被母嬰用品相關廣告塞爆。這名少女的父親非常生氣，女兒怎麼會收到這麼多這類廣告的垃圾郵件，他還打了好幾通電話給推銷這些商品的公司罵他們太扯。然而，幾週後，這名女孩終於向父親坦承她真的懷孕了。由此可見，零碎片面的資訊也可以成為揭露真相的關鍵。

有一次，我被指派調查一家國防承包商的某員工，該承包商專門承包政府的機密項目。我先訪談了嫌犯的幾位同事，問話過程中自然地穿插各種套話技巧，因此得到許多關於嫌犯行為模式的零碎資訊。我一開始得到的信息是嫌犯工作認真，每週工作時間非常長，有的時候為了要趕在截止日期前完成專案，週末還會自願加班。後來我又得到消息說這名嫌犯很喜歡去墨西哥市，一年會去好幾次，他在那裡還有與別人分時共用的度假公寓。我得到的第三條訊息是這名嫌犯十分熱衷學習新知。事實上，他還時常跟公司裡負責其他機密項目的同事討教，除了學習新知以外也會提供一些建議。

就實際面來看，這名嫌犯看起來是該公司非常重要的員工：他和同事互動熱切、對工作犧牲奉獻，是不可多得的優秀人才。我把這些零碎信息交給FBI分析師後，原本看起來無害的片面資訊一旦拼湊在一起，就揭露了嫌犯完整的行為模式以及種種企業間諜活動的線索。分析師發現一位知名前蘇聯情報局探員，正巧跟嫌犯在同一時間前往墨西哥市，這會是巧合嗎？在這個案例裡並非巧合。後來事實證明：這名嫌犯時常工作到很晚或是週末自願加班，都是為了趁沒什麼人的時候利用公司影印機影印機密文件；他和其他員工交流也並非為了學習新知，只是想打聽看看還有什麼其他的機密專案可以賣給俄國。最關鍵的片面資訊（而且表面上看起來最不相關）的是這名嫌犯一年去墨西哥市好幾次，這條信息也成為揭露該嫌犯的確是企業間諜的重要線索。

天性10：人的心裡無法同時容下互相矛盾的兩種想法

人通常會努力維持內心想法的一致性，也就是維持內心的平衡。然而，當一個人的心裡同時出現了兩種互相矛盾的想法，就會導致認知失調（Cognitive dissonance）或是內心失衡。當人面對和自己的認知或信念完全相反的想法，也會產生認知失調。認知失調會造成不安和焦慮，而認知失調的嚴重程度必須看一個人如何看待與自己認知衝突的想法。當有衝突的想法牽涉到私人問題時，通常會導致較嚴重的認知失調。一個人認知失調越嚴重，就會越迫切地想減少或消除這樣的心理現象，以減緩焦慮。

認知失調造成的焦慮可以透過好幾種方式緩解。第一，當事者自己改變自己的認知或心態；第二，當事者盡一切可能想要證明他人的想法是錯的；第三，當事者也可以直接忽略那些與自己認知相反的看法，對它們嗤之以鼻。

我的警察寫作班的學生第一次看到他們的報告成績時，都會產生認知失調。他們來上課之前都覺得自己很會寫報告，所以當他們看到自己第一份作業的恐怖成績，心裡可能會想：「也許我其實不太會寫報告，至少我的教授認為我寫得不好。」這時「覺得自己很會寫報告」和「其實自己不太會寫報告」這兩種衝突的想法就會造成認知失調，此時學生有三種方法來減少認知失調造成的焦慮感。第一，他們可以花很多時間說服我，他們其實報告寫得很好；第二，他們可以承認自己報告的確寫得很差，然後好好努力提升寫作能力；第三，他們也可以直接認定我的批閱毫無道理。

若一個人內心懷抱著相互矛盾的想法，而這種情況被外人看破，那麼他心裡產生的認知失調可能會導致極度焦慮。在這種情況下，人很容易透露一些在其他情況下絕對不願承認或是會欺瞞他人的事實。

有次我在教一群臥底探員如何運用認知失調從目標對象口中套話，其中一位女探員不相信這種技巧有效，於是她很不客氣地要我當場示範給大家看。要說服質疑我的學生，最好的辦法當然是直接用質疑我的人來示範。

於是，我問這位女探員她有沒有孩子，她很驕傲地跟我說她已經結婚而且有三個小孩。我說：「太好了。那妳說說看當個好媽媽需要具備什麼條件？」我問這個問題是要她先明確列出她認為好母親應該有何基本特質。她說：「要很有愛心、要花時間和孩子相處、提供他們生活所需、協助他們寫作業、還有聽他們說話。」接下來，我要開始引發她內心認知失調，於是我說：「妳是自願參與臥底行動的。」她回答：「是的。」我說：「妳知道這工作會迫使妳長時間離家。」她再次回答：「是的。」我說：「所以，這算是妳自己選擇長時間離開妳的家人。」此時，她沒辦法再這麼乾脆地回答「是的」，她停了一下，很堅定的說：「但我的確是個好媽媽。」她接著告訴我，跟孩子相處的時間是重質不重量，我語帶懷疑地問：「是嗎？」她回答：「我喜歡我的工作，我不想整天被困在家裡，我也想要有自己的生活。」講到這她突然停下，眼泛淚光，她此時才發現她並不符合她自己為「好媽媽」設定的條件。

她在努力證明自己是個好母親的過程中，也透露了一些她原本不會在公共場合透露的個人資訊。當然，我無意讓她下不了台，所以我繼續上課，把大家的注意力引導回去課程的內容。下課後，那位女探員又走到我面前說：「我真的是個好媽媽。」然後又講了一些理由來解釋為什麼她能在追尋自己的夢想的同時還能當個好母親。我安撫她，跟她說我相信她是個好母親，而且誠摯感謝她為國家的付出。

2

實務操作

讓人說實話的技法

第四章 開始取得實話

我每天早上都提醒自己：今天我所說的話並不會教我任何東西，所以如果我想學習，我必須懂得傾聽。——賴瑞・金

I remind myself every morning: Nothing I say this day will teach me anything. So if I'm going to learn, I must do it by listening——Larry King

成功聽見他說實話

到這裡為止，希望你已經理解到，人會因為很多種理由而願意說出實話。問題是：你要怎麼從別人嘴裡取得實話？怎麼套話才能恰如其分？接下來我會列出「成為套話高手」的必經步驟，但各位要記得，套話就跟任何其他技能一樣，想要精通就必須靠練習和經驗。我曾與許多人共事過，他們的生活背景、社經地位、教育程度都非常不同，但是就我所知，無論是誰，就算沒有特別聰明，都能精通套話技巧，成為

活生生的人形實話偵測器。

剛開始練習的時候，你可能會覺得有些技巧實在很尷尬，但別因此打退堂鼓。只要經過充分練習，這些技巧都能習慣成自然，你甚至連想都不用想就能自然運用。這就像開車，剛學會的時候很緊張，熟練以後開車時就不用一直緊盯著前方，你會多出時間心力觀察路上的其他車輛。最後，當你開得非常熟練，還能邊開車邊跟人聊天，甚至還能開啟大腦的「自動駕駛模式」，即使你心裡想著其他事情，依舊會下意識地把車開往目的地。

避免提問

當你提問的時候，很容易觸動對方大腦裡的警鈴，讓他產生戒心。一般人回答問題分兩個階段，第一步是先在心裡評估接收到的問題，第二步才是對外回應這個問題。大多數人被問問題時都會想：「為什麼他會問我這個問題？」或者還會進一步思考：「這人會怎麼用我的答案對付我？」或「這人為什麼要打聽這些？」無論何種情況，問問題都對於「取得實話」很不利。如果你要套話的對象因為你問了問題而產生戒心，他就有可能會說謊敷衍你。此外，在一段對話結束後，一般人也比較會記得被問到的問題。

為了證實這個論點，我通常會在我的訓練課堂上隨機選一名學生問說：「你收入多少？」學生的反應通常很容易猜到，而且大家的反應都差不多。被問的學生會先愣一下，思考該怎麼回答我的問題才不會顯得不禮貌，最後說：「不算多。」

在今日社會，問別人收入多少，明顯違背社交禮節，簡單來說就是很沒禮貌。接下來在課堂上，我會交錯運用好幾種套話技巧來查出我問的學生到底收入多少。我課堂上很多學生是公務員，公務員是按照一般俸表（GS）的職等給薪，每個職位都會有對應的GS等級，主要等級分成GS 1到GS 15，每個等級之中又再細分成十個職等，而公務員每年都會升等。只要有這項公開資訊，我就能讓原本沒有老實回答我問題的學生告訴我他每年的收入多少。此時我用了一種套話技巧叫「推定陳述」（後面有詳細說明）。

我：我看到今天課堂上有很多資深人員。（看著我的套話對象，問道：）你一定至少有GS 7吧！（推定陳述）

學生：什麼？我是GS 11。

我：喔，你剛升上GS 11吧，恭喜啊！（推定陳述）

學生：不，我是GS 11-5。（主要等級中又細分十個職等，11-5的5就是這樣來的）

我：我看得出來你的資歷很豐富。（這樣說是要讓學生感覺被肯定）

我用下課時間查了一下GS薪級表，就知道那位學生一年薪資是七萬八千八百六十一美元。很多時候你直接問問題的話，得不到真正的答案，但運用套話技巧卻一下就問出來了，而且我那位學生還渾然不知他已經透露他原本想要保密的個資。所以，想要套出實情，就千萬別問問題。

另一名學生則是在賣場實戰演練時深刻體會到問問題的後果。他的任務是到生活用品店裡問出店員的生日。那位學生走進店裡，而我隔了幾分鐘後也進去店裡暗地觀察他的進展，為他的套話技巧評分。我走進店裡的時候，聽到那位學生一直在問店員問題，店員很明顯不太高興，反問他：「你為什麼要問我這麼多問題？」我對那位學生使了個眼神，暗示他趕快離開。那名學生這次挫敗的經驗終於讓他深刻體認到：問問題只會讓人對你產生質疑和戒心。

想清楚你的目的

也就是說，你要先弄清楚你想得到什麼真相？你必須清楚知道你要得到什麼資訊，這樣你才能讓談話一直朝你想要的方向走，並意識到何時目的已經達到。想要事半功倍，你在套話前就要先弄清楚你的目標以及你必須使用的技巧。

創造有利於套話的環境

正如你若要在花園裡種植物，你一定得準備合適的土壤，以創造最佳環境讓種子順利發芽，而營造和諧氛圍等於為套話營造有利的環境。此外，植栽也需要肥料才能更進一步茁壯，套話也是同樣的道理，各種套話技巧就像是肥料一樣，讓你的對象更有可能透露他們所知道的一切，對你無話不談。營造和諧氛圍時，你必須依據不同的情況、對象以及你對於對方的熟悉程度，來決定你要用使用前一章提到的哪幾項技巧。你一開始接近你的套話對象，切記要釋出三大友好信號，交談時適時運用「友誼黃金定律」裡的重要元素（例如同理心、讚美等）。另外，要記得認真聽對方說話，要讓談話的焦點一直在對方身上，而不是在你自己身上（暫時拋棄自我中心的想法）。

製造「套話三明治」

「序位效應」（Law of Primacy-Recency）證實，人最容易記得一段對話的開頭和結尾，對於中間談了什麼反而印象沒那麼深刻。想想你上次的度假經驗，你很可能清楚記得假期開頭和結尾發生了哪些事，但中間那段記憶則變得比較模糊。因此，如果你把套話的關鍵步驟放在談話的中段，夾在前後兩個不相干的話題之間，那對方很有可能不會記得被你套話的這段交談內容。這種技巧被稱作製造「套話三明治」。

從以下這個例子各位可以看到我如何製造出一個套話三明治，成功找到真相，躲過了一場購屋糾紛。

幾年前我跟我太太想在某個地區買房子，所以在該區到處看房。我們跟幾位居民聊過，他們說那裡因為地下水位的關係，買房時要留心別買到地下室容易淹水的房子。看了好幾間房子以後，終於找到一間我們兩個都喜歡的，我們特別看了它的地下室，地下室才剛重新裝修，看不到任何水漬或曾經淹水過的痕跡。我知道與其直接問房仲這間屋子有沒有淹水問題，不如用套話的方式反而更有機會得知實情，所以就有了以下對話：

我：我們真的很喜歡這個大廚房，還有新家電。（我用閒聊的方式開頭，防止房仲發現我談話的真正目的。閒聊幾分鐘後，我開始把談話導向我套話的目的，也就是弄清楚地下室會不會淹水。）

房仲：這廚房真的很漂亮，而且好寬敞。你們一定也會喜歡地下室，最近才剛翻修。（我們下樓梯到地下室，接著我走向一扇窗戶。）

我：這房子地基周圍泥土堆砌的方式我很喜歡。（我說這句話，是為了把談話導向淹水的話題，通常地基週遭用土堆砌能減少淹水風險。）

房仲：你可以看出這間地下室遠高於地下水位。

我：哇！他們把淹水造成的損害修復得很好耶！（又是「推定陳述」的技巧。）

房仲：屋主還裝了新的排水泵。（房仲不經意地透露這間地下室其實曾經淹過水，然後才重新裝修。因為他用了「還」這個字，就代表屋主不只在地下室淹水後重新裝修，「還」裝了新的排水泵來預防未來淹水。我得到想要的資訊後，就開始閒聊這間房子的其他部分，講些比較輕鬆的話題。）

我：這間地下室很適合作為我的居家辦公室。不過我們可以再上樓看一下後院嗎？我想看看後院空間夠不夠加蓋游泳池，還有廚房外邊能不能裝個露天烤肉台。（最後改變談話的焦點，講一些和我的套話目標無關的話題，製造三明治的另一層。）

當然，我們最後沒買那間房子。透過套話得知這間屋子很可能有淹水問題，所以我們避開了未來會產生的麻煩，不必擔心住家的淹水問題，也不用額外花錢重新裝修地下室，畢竟那個地下室至少已經淹過一次水，未來仍有可能再次淹水。

套話三明治的另一成功案例

我之前也有一個學生成功運用套話三明治，問到賣場手機專櫃店員的銀行PIN

碼。請注意她是如何營造和諧氛圍以及把談話引導至她想要的方向，以及她如何運用套話三明治來掩藏自己真正的意圖。

學生：（走向店員，做出閃眉、歪頭和微笑等動作來營造和諧氣氛，店員也釋出相同的友善信號。）今天的客人好像不多耶！（說些貼心話來強化和諧氛圍）

店員：對啊，生意有點差，我寧可一整天忙得團團轉，至少會覺得時間過得快一點。妳在找新手機嗎？

學生：我剛搬到這裡，不確定我的手機在這裡能不能用。妳可以幫我看看我有沒有必要買支新手機嗎？（給予對方肯定。這個技巧之後也會說明）

店員：讓我看一下妳的手機，確定一下。（此時學生把手機交給店員）哇，這手機很舊了耶！該換支新的了。

學生：我也想啊……可是要記得這種電子裝置的PIN碼真的好難喔！（此時這位學生開始把談話轉向她的套話目的，也就是要套出該名店員的銀行帳戶PIN碼）

店員：妳就用妳容易記得的數字啊！

學生：妳都用妳的生日對吧！（推定陳述）

店員：不是耶，我是用結婚紀念日，我所有的PIN碼都用結婚紀念日。

學生：真的啊？連銀行帳戶之類的PIN碼也用結婚紀念日？（假裝驚訝／推定陳述）

店員：除了我老公以外，沒人知道我們的結婚紀念日啊！

學生：哇！妳看起來好年輕，看不出來結婚了。妳一定十九歲就結婚了吧！（假裝驚訝／讓對方覺得被讚美／推定陳述）

店員：差不多喔！我二十歲結婚的。

學生：春天是一整年最適合結婚的季節。（推定陳述）

店員：其實我是七月結婚的。

學生：那妳結婚那天晚上一定有很棒的煙火慶祝吧！（推定陳述）

店員：有點接近囉！我是七月五號結婚的。（按，七月四日是美國獨立紀念日，這一天常會施放盛大煙火）

學生：妳一定才結婚兩三年而已，妳看起來好幸福喔！（推定陳述／讓對方覺得開心）

店員：結婚後這三年是我人生最快樂的時光。

學生：我還沒想好要不要買新手機，我想我還是先看我這支手機能不能用好了。很高興認識妳喔！如果我要買手機會來找妳的。（把話題帶回買手機，製造套話三明治的最後一層。也就是說，此案例的套話三明治第一層是聊需不需要買手機，接下來才進入套話主題，也就是三明治裡夾的「火腿」，最後又回到買手機相關的話題，做為三明治的外層。）

先從看似無關的事開始聊

用閒聊的方式開始交談，能夠幫助你很快地跟別人打成一片。一旦成功讓別人喜歡你，你需要他們提供一些敏感資訊時，對方就不會有戒心。還有別忘了，人通常會記得自己一開始聽到或看到的東西，所以如果你先聊一些無關緊要的事情，把套話主題放在整段談話的中間，那他們事後也不太容易想起自己說了什麼。這種序位效應的心理學原理在接下來的章節會更詳細討論。

把握契機，導向你想獲得的資訊

成功營造和諧氛圍後，接下來就要找機會把話題導向你想獲得的資訊。曾經有個學生因為無法從賣場實戰中取得陌生人的PIN碼，所以要求我親自示範，而且對象由她來選擇。我答應了，她就指著一間專買數位電影光碟的專櫃，再指向店員，對我說：「就去問他的PIN碼！」我走向專櫃，學生跟在身邊，我拿起一張光碟看看正面、看看反面。因為我看起來好像想買東西，所以店員前來招呼我，接下來我們的對話大概如下：

店員：有看到喜歡的嗎？

我：我在找一部電影。

店員：那你來對地方了。

我：你看起來很懂電影耶！（說些貼心話讓店員覺得受到肯定）

店員：沒錯，我去年業績可是第一名喔！

我：這部電影不需要密碼就能看，說實話，我真的有夠不會記密碼，我年紀大

了，不像你們年輕人記憶力那麼好。（把談話方向導向PIN碼）

店員：我的記憶力也不好啊，所以我所有東西都用同一組密碼。

我：你一定是用你絕對不會忘記的東西來當密碼吧！

店員：因為我超愛看電影，所以我用我最喜歡的電影片名當密碼。

我：我最愛的電影是《搶救雷恩大兵》。（這裡的技巧叫「等價交換」，之後會說明）

店員：是喔！我最喜歡的電影是〇〇七的《太空城》。

我：不過我現在沒看到什麼我想看的電影，我晚點再回來逛好了。（知道對方的PIN碼後把談話拉回自己在找電影的話題）

店員：拜拜！

我學生在一旁很驚訝地看著我用不到三分鐘的時間就套出了店員的PIN碼，而且店員渾然不覺自己剛剛已經透露了應該保密的個資。懂得抓準時機把對話引導至套話主題才能成功套出想要知道的訊息。對了，剛提到的那位學生後來也在實戰練習中順利從一位陌生人口中套出對方的PIN碼。

依情況組合技巧

你在跟套話對象說話的時候，可以根據當下情況選擇最合適的一項或多項技巧來獲取資訊，有時候可能要看你想獲取的資訊種類，有時要看對方的態度，最後也要看你自己對哪些技巧比較得心應手（並非每個人都能精通十五項技巧，但要順利套話也無須精通所有技巧）。沒有一項技巧能適用於全部情況，但任何情況都會有適合的套話技巧。

有時候你可能會同時使用兩項以上的技巧，好更順利地套話，有時候你可能會使用某項技巧後才發現不適用，而改用別的技巧。請放心，只要你的技巧運用得當，你的套話對象不會發現你在套他的話。如果你發現自己使用某些技巧比較自在，這很正常，而有些技巧你可能要等更熟悉整個套話流程後才會用得比較順手，到時候你就能試著運用新技巧提升套話成功率。

取得資訊後轉移話題

你和套話對象的交談，在一開頭和結尾的地方，都應該聊不相關的話題，這樣更能掩藏你的意圖，對方也比較不容易察覺，原來中間那段對話才是關鍵的談話內容。

摘要回顧

我們來回顧一下前面提到我一個學生順利得知手機店員的PIN碼的案例。我想這個案例能讓各位更清楚了解套話該如何進行，了解那位店員如何透露自己的銀行PIN碼卻不自知。

這名學生接近店員的時展現三大友好信號，女店員也回報同樣的友好信號，表明她很歡迎我學生上前攀談。我學生一開始先跟店員閒聊，成功營造和諧氛圍後，她才把談話導向套話主題，說自己很難記得各種裝置上的PIN碼，然後又運用了一連串套話技巧得知那名店員所有的PIN碼都是用結婚紀念日，而她也順水推舟繼續探聽店員是否也用結婚紀念日來作為銀行帳戶的PIN碼。

我學生透過閒聊，就能推算出店員結婚的年紀以及結婚日期，只需要簡單的加減法：店員廿歲的時候結婚，然後說自己已經結婚三年了，日期是七月五日，而這個實戰練習是發生在二〇一五年，所以店員是在二〇一二年七月五日結婚，也就是說她的銀行PIN碼就是07052012。

我學生最後又跟店員閒聊了一下才結束這次對話。很神奇吧！店員在短短五分鐘之內就把自己的銀行PIN碼透露給完全不認識的人。如果我學生一開始就直接問對方「妳的銀行PIN碼是多少」，你覺得她有可能得到答案嗎？

但我的學生運用了套話技巧，在沒有問任何問題的情況下，順利得到店員的PIN碼。店員所說的資訊極有可能是真的，因為她未曾感受到威脅、也沒有發現自己正在透露應該保密的信息給完全不認識的人。

本章提供的案例讓各位知道套話要怎麼做才會有效，而且是真的能從別人口中套出實話。不過要當個「人形實話偵測器」會不會很難呢？其實不會，之前的幾個案例已經讓各位看到我的學生都能讓陌生人渾然不覺說出自己的PIN碼，而且最讓我的學生驚訝的是，他們才上了四個小時的課就能有如此成效。

所以，這代表你現在已經可以直接出門找陌生人練習套話了嗎？先別急。目前你就像是高爾夫球新手，雖然你已經具備基本知識，但還是得先好好認識你球袋裡的各種球桿，了解每種工具可以如何助你戰無不勝、攻無不克。

在接下來的章節裡，我會帶你認識各種套話技巧，每當你希望別人對你說實話，這些技巧都可以派上用場。我會詳細說明每個技巧，提供該技巧的實際使用範例。就像高爾夫球新手必須了解不同的球桿能如何影響球飛行的途徑以及進洞的機率，你也會學到不同的套話技巧可以如何幫你問出真相。一旦你更熟悉這些技巧，未來你要從別人口中套出實話時，就有各式各樣的工具任你挑選，你甚至可能厲害到讓別人對你說實話就跟呼吸一樣自然。

第五章　推定陳述

所謂推論，就是從其他已知事實推論出某一事實；這是一種推理的行為，各領域的人類知識大多出自於推論。——東尼．艾伯特

A presumption of any fact is, properly, an inferring of that fact from other facts that are known; it is an act of reasoning; and much of human knowledge on all subjects is derived from this source.——Tony Abbott

推定陳述是一個非常重要、非常簡單也非常有效的套話技巧，而且你想用的時候馬上就可以使用。前面的章節說過，人很習慣去糾正自己認為錯誤的論述，或是去肯定自己認為正確的論述，而推定陳述便是利用這種人類習性。

推定陳述的內容可以是對，也可以是錯的。如果你做的推定陳述是正確的，那你的套話對象就會贊同你的話並補充其他資訊；如果你的推定陳述是錯的，那麼對方通常都會糾正你、告訴你正確答案，而且還會跟你詳細說明。接下來是一個真實案例，各位可以從此例看到推定陳述是如何用來誘導對方說出真相。

真的會準時？

這是一個真實的職場案例：一名公司採購聽說新的供應商因為生產線出問題無法準時交貨，因此他想親自跟廠商確認是否能如期交貨。當然，這名採購可以直接問廠商「你們可以準時交貨嗎？」但這樣問的話，對方很可能會因為不想失去這筆生意而回答「當然可以」，就算他心裡清楚一定辦不到。

所以此時能幫忙套出真相的好方法就是推定陳述。例如採購可以說「聽說你們公司有辦法解決生產線作業延遲的問題，讓你們能更快出貨」。接著，採購要做的事就是等對方業務肯定、否定或修正自己的說法。推定陳述有個好處是讓你的套話對象更願意提供訊息，因為他會覺得自己不過是幫忙證實你原本就知道的資訊。就此例而言，這名業務很有可能會說出真實訊息，因為他不確定採購到底掌握了多少他們公司生產延誤的資訊。在業務確認、否認或修正採購說法的過程中，業務等於是說出了更多關於生產線出包的訊息——如果採購一開始直接問業務能否如期交貨，就不可能獲得這些訊息。

套話幫你省錢

前陣子我想買鑽戒給我太太，但我不想當凱子按照標價買。為了能殺出最優惠的價格，我必須先了解我要去的那間店的珠寶標價的方式和店員的抽成比例是多少。很顯然店家不會隨便透露這些資訊給外人知道，要是我直接問店員他們進貨價多少、店員抽成多少，我絕對問不到能幫我殺價的資訊，所以套話技巧又再度派上用場。

店員：有什麼需要幫忙的嗎？

我：我在找要送我太太的鑽戒。

店員：我們有很多款式，我拿給您看。（店員拿給我一只戒指，我仔細翻看）

我：這只多少錢？

店員：八百五十美元。

我：哇賽，這至少比進貨價加成了一倍半吧！（推定陳述）

店員：沒有，只有加五十趴。

我：然後你們店員再抽十五趴。（推定陳述）

店員：沒那麼多，只有五趴。

我：我想你應該沒有權限給顧客打折吧！（推定陳述）

店員：我的確沒有，只有經理能給折扣。

我：那請你幫我問經理這只戒指有沒有辦法打六折。（店員到後面房間詢問經理，我在外面耐心等候，店員幾分鐘後回到櫃台。）

店員：他說如果您付現的話最多打八折。

我：這是要送我太太的。

店員：沒問題，我幫您用禮盒包裝。（於是我不只省下一百七十美元，還有免費包裝！）

在這個案例中，用套話代替直接問，才能獲取非常有用的資訊。那家店的零售價是把進貨價加成百分之五十，店員抽佣百分之五，知道這些訊息讓我很清楚該如何殺價。如果店員沒有透露這些訊息，我很有可能很只能照原價買，而且根據店員的反應，她完全沒發現她跟我說了一些應該要保密的重要資訊。

保險的真相

接下來各位會看到一位保險調查員和索賠保戶的對話，這段對話再次證明推定陳述有多好用。這名保戶申請了傷殘賠償，聲稱自己在工作時滑倒傷到左肩，導致無法繼續工作，但調查員發現該保戶過去曾因騎摩托雪橇發生意外傷到左肩，所以他想弄清楚那次舊傷是否才是該保戶肩膀受傷的主因。

調查員：你覺得你現在左肩的傷跟過去的傷有多少關係？

保戶：應該沒什麼關係。（調查員用直接問的方式沒辦法問出有用的資訊）

調查員：之前受傷後恢復的過程一定很辛苦吧！（推定陳述）

保戶：我常做復健運動讓左肩復原，靠自己鍛鍊復健，這次受傷之前我的左肩已經幾乎完全好了，但我這次受了工傷，保險卻因我左肩有舊傷而不賠償。

調查員：哇，你之前受傷沒看醫生，只靠自己恢復，真的很有毅力。（讓對方覺得受肯定）所以你之前的傷幾乎全好了。（推定陳述）

保戶：沒錯。

調查員：舊傷都快好了結果又受傷，你一定很懊惱吧！（推定陳述）

保戶：是啊！（此時他變得很生氣）我之前是肩鎖關節脫位四級，外加一些骨折，都快好了結果又受傷。

調查員：沒有接受醫院治療單靠自己痊癒對真的很不容易。（推定陳述）

保戶：他們是有建議我做手術治療骨折，但我就是想等等看，看這傷能不能自己好。

調查員：所以你的意思是，雖然傷得很嚴重，你還是決定不接受手術治療。

保戶：我剛說過啊，我就是想讓肩膀自己復原。

藉由推定陳述，這名保險調查員得知該保戶之前騎摩托雪橇受傷後並未接受治療，而且他也知道該保戶之前肩鎖關節脫位四級尚未痊癒，該保戶在工傷保險問卷上也是這麼寫的。

真心話

接下來的例子再次告訴我們：人天生就喜歡糾正別人。當一個人有機會糾正別人，很少有人會放棄這樣的機會，推定陳述利用的便是這種心理。

有些醫生知道病患不一定會透露真實的病情，主要是因為有些病患不想把自己的病況說得太嚴重，這時醫生就可以利用推定陳述來確認病患是否據實以告自己的病情。我之前訓練過一名醫生，以下是他和某位病患的對話：

醫生：你有家族心臟病史嗎？

病患：沒有，應該沒有。（醫生察覺病患有些含糊其辭）

醫生：這樣很好，那你父母都很健康囉！（推定陳述）

病患：嗯，我爸之前有高膽固醇，但他現在有在吃藥，所以他覺得身體沒什麼問題。

這名醫生一開始直接問病人身體狀況如何，病人的回答很模糊，顯示醫生必須設法進一步探知實情。因此，醫生利用推定陳述讓病人不知不覺透露多一點訊息。從病人的角度來看，因為他父親已經有在服藥而且覺得身體很健康，所以他認為他父親沒有心臟病，但知道這樣的資訊能協助醫生提供病人更合適的療程（醫生因此知道有需要著重檢測病患的心臟健康狀況）。

聚光燈效應

有一次我用推定陳述來套一個間諜的話。那個年輕人來自一個對美國有敵意的國家，一開始是我想讓他「棄暗投明」為美國工作，在花了幾個月跟他密切往來後，他終於同意成為我的工作夥伴。後來他一直提供許多關於他祖國情報單位的資訊，包括該國的情報探員資料以及正在進行的情報行動，我也支付他豐厚的酬勞。在接下來的一年，我們的合作越來越順利。

但有一天，我開始懷疑他的忠誠。我發現他跟我談話時用了好幾種套話技巧，試圖從我口中套出FBI招募間諜以及對付間諜的行動方針和技巧，尤其是針對「某國」間諜的資訊。我懷疑他已經開始為「某國」做事，因為他雖然設法不著痕跡地探聽一些訊息，但都跟「某國」有關。在間諜這一行，間諜的忠心往往只獻給付最多錢的國家，但他們還是時常同時為好幾個國家服務以增加收入。於是我決定用推定陳述來測試他的忠誠。

我查了一下「某國」的大使館電話號碼，然後把這號碼寫在一張小紙條上。一天下午，我和那位間諜很悠哉地邊聊天邊喝咖啡，但突然間，我從口袋裡拿出那張紙條，慢慢攤開，然後把紙條推到他面前。我很自信從容地說：「我看到你最近一直在打這電話。」（推定陳述）他的臉瞬間刷白，整個人愣在當場，然後他垂頭喪氣地說：「你是說，你追蹤了我的電話。」我跟他說我過去幾週一直在懷疑他在為某國做事，而紙條上的號碼就是某國的聯絡電話，但事實上，我根本不曉得他有打電話給某國大使館。然而，我很確定他一定得聯絡某國的情報單位才能為某國辦事，而聯絡他國情報單位最簡單的方法就是打電話到該國的大使館，然後就會有特定的對口人員負責接聽，接下來就會啟動一連串安全措施以防止新進間諜與情報人員的對話被追蹤。後來，這名年輕人被逮捕，最後被趕回他的祖國去面對未知的命運。

我使用推定陳述來套話之所以這麼有效，其實還有其他心理因素助攻，其中一個心理因素被稱作「聚光燈效應」。人說謊的時候會變得非常敏感，而且很容易以為對方已經察覺自己在說謊，但其實對方通常什麼也沒察覺。另一個助攻的因素是我把大使館電話遞給對方時充滿自信，這樣的自信和聚光燈效應交互作用下，對方更加肯定我已經發現他在欺騙我。還有，我也得靠他看到大使館電話的反應來判斷，如果他真的有打電話到某國大使館，那麼他看到這號碼就會出現壓力所引發的「戰或逃」反應，讓我能從某些非語言信號中察覺他背叛的事實。

不過我事前也做了一些推測：我猜這個小伙子在決定聯絡某國大使館之前應該考慮了好一陣子，我猜他查到這號碼後也寫在一張小紙條上，反反覆覆看這號碼好多次以後才決定打電話，而且可能有好幾通電話都只撥到一半就掛掉，掙扎了好一陣子才撥打成功。他決定背叛前的這些掙扎一定會讓他對這個號碼有深刻印象，至少他再次看到這個號碼時會因為心虛而出現「戰或逃」其中一種反應。

而且我是出其不意地利用推定陳述來套他的話。當時我們很悠哉地聊天喝咖啡，然後我突然很嚴肅地把某國大使館的電話號碼遞給他，並用推定陳述跟他說我知道他有撥打這個號碼。如果當時他否認，那我就會聳聳肩跟他說「沒事，只是好奇問問」，當然他可能會抗議我懷疑他的忠誠，但我這舉動也等於表明我一直密切關注他，也許能防止他未來生出背叛的念頭。

推定問句

通常情況下我們在套話的時候不會用提問的方式，因為這麼做會讓對方產生戒心，但有些人可能還是有問問題的衝動。如果你的問題能根據當下情況問得很有技巧，確實有可能幫你套出真相。所以，如果真的忍不住要問問題，記得要問那些有可能讓對方說實話的問題。

可以用「推定問句」的方式提問。推定問句就是推定陳述的問句版，兩者的內容很類似：答案不是對就是錯。如果你覺得對方知道這個問題的答案，你就可以用推定問句來問，你的套話對象同樣會肯定或糾正問句中呈現的資訊。如果對方聽到你的問題卻不回答，其實就是變相肯定你問題裡的推論，否則，他會忍不住要提供正確的資訊來糾正你。在這個過程中，剛說到的聚光燈效應也會發揮作用，推定問句一樣能讓你這個問話的人看似知道很多你其實不知道的事情。

如果你給說謊的人兩個選項，他會很自然想要二選一；但是說實話的人卻不會覺得有必要根據你的問題去肯定或糾正你的推論，他該說什麼就會說什麼。

我過去也會用推定問句來訊問嫌犯。例如，我不會直接問某嫌犯「你認識小明嗎？」而是用推定問句：「你最後一次跟小明碰面是什麼時候？」我如果直接問對方「你認識小明嗎？」等於給對方機會說謊，他可以直接回我「不認識」。但如果我問「你最後一次跟小明碰面是什麼時候？」等於告訴對方我知道他認識小明，而嫌犯聽到推定問句時通常不會說謊。

推定問句也可以用在職場上，以增加你聽到真話的機會。例如，一名主管想知道某位員工上班時有沒有偷用公司電腦做私事，這主管當然可以直接問員工「你工作的時候會不會用公司電腦做私事」，但這樣問等於給員工機會否認，絕大多數人一定會回答「我才沒有」。但如果主管問某員工「你一週用公司電腦做私事幾次？」，員工就會比較難回答，因為這個推定問句已經顯示主管知道該員工會用公司電腦做私事，所以員工面對這種問題就比較難說謊。

還有另一個例子：一名業務代表懷疑他正在交涉的公司最近面臨法律問題，如果他直接問對方公司：「你們最近是不是被人家告？」對方很可能直接否認，但若把問題改成：「你們現在碰到的法律問題，會不會影響你們交貨？」，顯示問問題的人已經知道該公司面臨的法律問題（雖然事實並非如此），因此這麼問能讓對方比較不敢說謊。無論是任何話題，你都可以用這種推定問句來增加得知實情的機會。

緩衝器：敏感問題專用

接下來的例子說明了父母如何用套話的方式來了解孩子是否有些不可告人的行為。當你用推定陳述來套孩子的話，切記加個「緩衝墊」，也就是說，跟孩子說話的時候，如果想知道真相，不要使用語氣比較強硬的推定陳述，可以改用比較和緩的推定問句，這樣孩子才不會生氣（你都不信任我！），而同時身為父母的你也不會顯得過於弱勢。

舉例來說，與其直接問兒子「你有在嗑藥嗎？」不如問他「你上一次嗑藥是什麼時候？」這個推定問句會讓你兒子很為難，因為這問題會讓他以為你已經知道他有嗑藥。接下來的步驟就是觀察兒子如何回應這個問題。如果他沒嗑藥，他很可能會大聲喊冤，大聲反嗆你怎麼可以懷疑他。如果是這個情況，你只要順水推舟地說：「你當然不會嗑藥囉！你比同年齡的孩子懂事多了。」（設法緩衝敏感問題的力道）這樣的回話方法，既能讓你安全下莊，也能讓你的孩子覺得受到肯定，不會覺得遭到懷疑而惱怒。另一方面，假設兒子真的有在嗑藥，那麼他接下來很有可能會支支吾吾不知道該如何回答，因為他不確定你到底知道多少實情。如果你兒子真的遲疑了，請接著問下一句推定問句：「你真的覺得我不會發現？」這個問題會讓你兒子陷入更為難的處境，如果他說「是」，等於承認有嗑藥，但就算他說「不是」，也還是承認有嗑藥。這個問題唯一的正確答案是：「發現什麼？」

附加問句

附加問句就是在直述句後面接個短問句，像是「對嗎？」「是吧？」這種常見的附加問句。附加問句可用來確認已知資訊，也可以揭露隱藏訊息。我剛開始從事情報工作時買了一輛二手車，在買車的過程中，充分體認到附加問句的威力。

買家常處於劣勢，因為賣家很懂自己在賣的東西，但買家可能什麼都不懂，買車就是典型的這種情況。我以前買過幾次二手車，發現賣家都會故意隱瞞車子的重大問題。經過幾次教訓後，我就學會利用推定問句來探查車況。例如，有次我看車的時候，打開引擎蓋來檢查引擎，第一件注意到的事情就是這引擎乾淨到不行，無論是引擎本身還是週邊的相關零件上，完全看不到油漬或灰塵。我馬上覺得不對勁，除非原車主真的超級注重引擎清潔，否則很有可能是因為這具引擎會漏油，所以車主才把它擦得乾乾淨淨，掩飾漏油的痕跡。我檢查車子下方的時候發現地板上有油漬的痕跡，但也被擦拭過了，這又是另一個透露引擎實況的線索。為了得知真相，我就用附加問句來套車主的話：「你會先處理好引擎的漏油問題再把這台車賣我，對吧？」車主一聽就用很洩氣的腔調回應我：「它只有漏一點點油啦！」當我確定引擎真實的狀況，我就很有底氣跟對方談價錢。我可以利用引擎的漏油問題跟對方大殺價，我也可以直接走掉去找其他引擎沒漏油的車。

負面推定問句

有的時候我們也可以用「負面推定問句」來套話。負面推定問句通常可以比正面問句或一般問句（不是推定問句）更容易問到真相，因為負面問句一開始就假設某個糟糕的情況已經存在。正面問句則是一開始就假設某個情況不存在，讓對方有機會給出模稜兩可的答案，或是乾脆忽視你的問題。還有一種推定問句是中立問句，並未一開始就假設某個狀況存在或不存在，所以套話效果也沒有負面問句那麼好。現在各位一定會想：那負面問句要如何操作呢？

我結婚後搬了好幾次家，住過好幾間不同的房子，想買房的時候和我太太去看了一間我倆都非常喜歡的房子，但卻有個問題：不在於房子本身，而是不遠處剛好有間人氣速食餐廳。我還記得我青少年時期每個週末都會跟朋友相約在類似的速食餐廳停車場說笑打鬧，也就是說，每到週末，就會有大約五十個吵吵鬧鬧的死屁孩在餐廳停車場喧嘩。如果這還不夠吵，那想想這些血氣方剛的青少年開車進進出出停車場時一定會順便炫技，輪胎和地面激烈磨擦發出的刺耳聲響不絕於耳，而且這樣的吵雜還會持續到凌晨一點餐廳打烊的時刻。

我和我太太都想知道，這間房子會不會出現類似的問題。如果我們直接問房仲一個中立問題：「週末的時候這社區很安靜嗎？」房仲一定會直接回答：「這社區很安靜啊！」這種回答該不該信，很難判斷，因為房仲可以用各種話術回答這種中立問句，既不用對我們說謊但也不告訴我們百分百的實情。我們也可以用正面推定問句問房仲：「我相信週末那間速食餐廳周遭沒有青少年群聚喧嘩的問題，對嗎？」這種問法一開始就假設問題不存在，因此房仲可能會直接回答：「據我所知是沒有。」而且這種問法也顯示我們完全不曉得附近是否有青少年喧嘩的問題。因此，這時候就應該用負面推定問句來問房仲：「你覺得在那間速食餐廳周遭聚集的青少年會不會吵到我們？」一人面對負面推定問句時比較難說謊，房仲原本並不清楚我們知不知道附近有青少年聚集的問題，但我用負面推定問句，會讓房仲以為我已經知道附近會有青少年時常大聲喧嘩，但事實上我並不知道。

這名房仲倒是相當誠實，她說：「我不確定，我建議你們週末再來看看，車可以停在房子前面，然後聽聽看從速食店傳來的噪音會不會吵到你們。如果覺得太吵，我們還是能找到其他符合你們需求的房子。」我們照房仲的建議在某個週末的夜晚再來一趟，最後我們決定還是去安靜一點的社區看別的房子好了。

負面推定問句可以使用在各種商務和社交情境中，無論是當面交談或是網路傳訊，都是很有效的套話技巧。例如你要在網路上買二手商品，就可以利用負面推定問句，讓賣家自己透露商品可能有的瑕疵。負面推定問句在商務交涉時也很好用，例如你現在正在與某廠商談一批重要零件的價錢，而且希望對方能準時交貨，但你不確定對方是否可靠，那麼你就可以用類似「你們生產線的問題解決了嗎？」這種假設某個狀況存在的問句，能讓對方業務代表比較可能對你說實話，因為對方不確定你到底掌握了多少資訊，所以比較不敢冒著被抓包的風險說謊。

第六章 第三方觀點

聰明的人知道如何說話；有智慧的人知道何時該安靜。——羅伊．班奈特

A smart person knows how to talk. A wise person knows when to be silent.——Roy T. Bennett

第三方觀點是一種取話的技巧，用來挖掘他人對敏感議題的真實想法。如果你直球發問的話，一般人很少會透露自己對敏感議題的真正看法，甚至還有可能說謊來掩飾自己的想法。所謂第三方觀點就是以第三方為主角陳述一段訊息或事實，例如：有一名男子想要買一艘新的釣魚遊艇，他就可以用「強者我朋友」的角度來提買遊艇這件事，看看老婆會有什麼反應。他可以說：「我有個朋友新買了艘遊艇耶！」然後看看老婆會對買遊艇這件事發表什麼看法。這個技巧利用的是人天生就喜歡談論他人的習性，當一個人聽到以第三人稱觀點描述的故事，往往不會去懷疑故事的真實性，若在聽故事的同時自己也受到恭維，那更容易信以為真。我們之所以聽到這類「強者我朋友」的故事很容易信以為真，是因為這類故事來自於不相干的人。

當你直接問別人很敏感的問題，例如「你會劈腿嗎？」對方通常會根據社會期待，來決定自己的答案。所謂社會期待就是外在社會標準，哪些想法和行為是可以接受的，哪些不被接受。一般人都認為自己應該要符合社會期待，否則可能會被視為異類。因此，如果你直接問你的另一半他／她對「劈腿」的想法，他／她一定會設法說出符合社會期待的答案。這樣的回答只是反映了社會標準，並不一定是真實的心聲（除非他們的行為真的與社會期待相符）。

他是個劈腿渣男嗎？

每個人都想知道自己的另一半是否會劈腿。如果你直接問「你會不會劈腿？」，你大概不會聽到對方回答「會啊，劈腿對我來說完全不是問題！」也許對方心裡是這樣想的，但絕對不會說出來。當你問別人很直接的問題，對方通常會對你產生戒心，並且開始思考「這人為什麼想知道這個答案啊？」「這人要利用我的答案做什麼嗎？」「這人幹嘛打探我的私生活？」

為了查明你的另一半對劈腿這件事的真實想法，你一定要用第三方觀點切入。不要直接問「你對劈腿有什麼看法」，應該來個強者我朋友的故事，例如「我朋友艾瑞絲親眼見到她老公劈腿，你怎麼看這件事？」

當對方聽到的是第三方的故事，很可能會吐露自己心中的真實想法。也許你心理期待的答案是「劈腿很糟呢，我永遠不可能這樣對妳。」然而，你也要有心理準備，你的第三方觀點有可能引導出來的是以下這些答案：「現在誰不劈腿啊？」「如果妻子滿足不了丈夫的需求，丈夫除了劈腿還能怎麼辦？」「如果我老婆用艾瑞絲對她老公的方式來對待我，我也會劈腿。」「不意外啊！他們不合已經很久了。」這些答案通常可以反映一個人對於劈腿的真實想法。如果對方做出以上這些回應，那他很有可能認為在某些情況下劈腿是可以接受的，因此，如果那些情況發生在他身上，他就很有可能劈腿。當然，不是說對方做出這類回應就一定會劈腿，但這樣的答案的確顯示對方有可能劈腿。

真話不好聽

我有一個學生的故事讓我印象非常深刻。她曾和男友認真交往，論及婚嫁，而她非常在意自己的體重，時常靠運動來保持身材，但她知道等她年紀漸長或懷孕後終究會變胖，所以她想知道如果她變胖，男友會有什麼反應。

有一晚，他們兩人正好在看一個叫做《減肥達人》的節目，這節目的主題就是跟拍幾位肥胖人士，看他們在固定的一段時間內能瘦多少。電視看到一半，她男友脫口而出說：「要是我老婆胖成這樣，我就把她甩了。」

我學生聽到這話大吃一驚，因為她男友當下就是根據第三方的情況吐露出他對過重女性的真實想法。她決定直接問他：「親愛的，如果我變得很胖，你會甩了我嗎？」不意外地，他趕緊回答：「才不會，不管妳是胖是瘦我都一樣愛妳。」然而，藉由第三方觀點的套話技巧（雖然她沒有刻意佈這個局，但她很聰明，她有注意到男友看到第三方的故事不小心說出的話），她還是知道了如果自己變胖，男友很可能會有的反應。最後她還是和這個男生分手了，然後找到一位更合得來的伴侶。

空穴不來風

第三方論述也很適合用來檢視孩子有沒有說實話（因為父母都相信自己的孩子不

會說謊）。我曾寫過一些文章，裡面談到父母可以用什麼方式從孩子口中套出實話，許多家長看了這些文章，很憤怒地批評我：「我的孩子才不會說謊！我們相處起來跟朋友一樣，他們才不會騙我們。」

很遺憾，我自己做的小調查顯示事實完全不是如此。當我問來修我課的大學生：「你們跟爸媽關係很親近嗎？」幾乎所有人都說「很親近」。但當我接著問：「那你們對爸媽說過謊嗎？」很多人都偷笑了，然後幾乎每個人都表示自己曾經騙過父母。我再問：「既然你們跟爸媽關係那麼好，為什麼要對他們說謊？」學生的回答都一樣：「因為我們不想讓爸媽知道我們在做什麼，他們絕對不會贊同的。」

看完以上例子，我們現在假設：你想知道你兒子或女兒有沒有在吸大麻。如果你直接問：「你有在呼麻嗎？」你孩子一定會按照社會期待來回答你：「吸大麻真的很糟糕，我絕對不會做的。」

為了要知道孩子對吸大麻的真實想法，你可以用第三方論述的技巧說個故事：「我同事告訴我，他兒子在學校吸大麻被抓到，你怎麼看？」你不想聽到的答案大概是「他幹嘛帶去學校」、「不就是大麻而已」或「這沒什麼吧！很多地方大麻還是合法的」；你想聽到的答案應該是「不只在學校，在哪裡吸大麻都不對」。請做好心理準備：孩子的回答，可能不是你想聽的答案。當孩子評論一個外在事件時（發生在第三地或第三方的故事），他們比較可能吐露真實心聲和感受，因為他們會覺得他們講的是別人又不是自己。

用第三方觀點來探究他人的忠誠

間諜這行是這樣的：誰出的價碼最高，間諜就為誰效力。對於我召募來替美國當間諜的工作夥伴，我當然不會完全信任他們對美國的忠誠，因為他們也有可能暗中為自己的祖國效力。不過如果我直接問一名間諜：「如果有其他國家給你更豐厚的酬勞，你會不會背叛美國？」他們絕對會大聲否認。這樣的否認可能是真心也可能是假意，所以我不應該直接這樣問，而是應該採用套話技巧來探查，讓他們沒有機會說謊。我曾經用過第三方論述的技巧來測試某位間諜的忠誠，以下是我和他的對話：

我：我同事也有個像你這樣協助我們的朋友，不過他那位朋友嫌我們付給他的酬勞太低，所以不想和我們合作了，他只願意為出最多錢的那一方效力。你怎麼看？

間諜：如果他沒拿到他覺得自己應得的酬勞，那我覺得他的做法沒什麼問題。

聽到這種答案讓我很擔心，因為我是以第三方視角敘述故事，所以這名間諜的回覆很可能就是他的真心話。他自己都沒有發現，他這麼說等於在告訴我：如果我沒提供讓他滿意的酬勞，他就會轉而替更大方的金主效力。我原本是希望聽到「我對你的忠心日月可鑑，不管別人出再多錢，都別想讓我背叛你」之類的答案，不料事與願違。從那天起，我就非常仔細監控這名間諜的行動，因為我知道他很有可能被收買。

第三方論述在職場上的應用

第三方論述也可以應用在職場上。假設有一位經理懷疑一名員工常偷把辦公室用品帶回家，或者這名經理想知道某位員工是否有可能做這種事，此時第三方論述就能派上用場。如果經理直接問員工是不是偷了辦公室用品，員工的答案一定是「當然沒有」。然而，如果經理先敘述另外一間公司有員工偷把辦公室用品帶回家，然後要自己的員工對此發表看法，那麼員工會比較可能說真話。經理和員工之間的對話可能會像以下這樣：

經理：我有個朋友在另一間公司工作，他發現有些員工會偷把辦公室用品帶回家，你對這事怎麼看？

員工：我覺得不管是誰都不該拿不屬於自己的東西，做這種事的人應該要受到懲罰。

這名員工的回答很有可能就是她的真心話，因為對她來說，她只是在對不相干的人的行為做出評論，所以她的答案可信度很高。

說個故事

說故事是第三方論述中的進階技巧。人聽故事的時候常會下意識地把自己帶入劇情裡，因此，為了要讓故事達到最好的套話效果，你的劇情要跟套話對象所處的情況相關，要含有重要寓意，還要能暗示對方接下來該有哪些行動，一步步刺激對方說實話。

身為FBI探員，我常在適當的時機利用說故事這個技巧，來鼓勵嫌犯說實話。某次查案的內容是銀行出納員的抽屜裡短少了幾千美元現金，在我訊問她之前，她已經被直屬上司和銀行稽核員約談過了，她一直堅稱她不知道錢怎麼丟的。

因為她的上司和銀行稽核員都約談過她，卻一無所獲，所以我決定採用比較放鬆且沒有壓迫感的訊問方式。我一開始先跟她說我妹妹的故事，因為很巧地，我妹曾經也是銀行出納。

我說：「我先跟妳講個故事。我妹以前也當過銀行出納，她有陣子手頭很緊，房租和很多帳單都繳不出來。到了某個星期五，她必須要趕在各機關下班前繳清帳單，才不會被斷電，手機也才不會被切斷，但她的薪資支票要到隔天星期六才會寄到她家，於是她決定先從銀行抽屜拿錢來應急。我妹以為她可以在星期一上班時神不知鬼不覺把錢放回去，這計畫看起來沒什麼問題，沒想到她隔天並未收到支票。到了星期一她的直屬上司問她抽屜裡現金的金額怎麼不對，她堅稱她沒拿裡面的錢，於是她的上司立刻打電話給銀行稽核員。銀行稽核員也約談了我妹，但她還是堅稱自己沒拿錢。後來銀行稽核員把這案子交給FBI，在被FBI盤問前，我妹打電話給我，因為她知道我是FBI探員，她希望我能救她。但很遺憾的是，我得跟她說這案子她已陷入太深，我幫不了她。我跟她說，如果她的上司或稽核員約談她的時候她有說實話，就算肯定會丟工作，但至少不用面臨牢獄之災。」此時，我直接看著那位銀行出納員的眼睛，沉默了幾秒，然後沉重地對她說：「希望妳不要犯我妹犯過的錯誤。」

對方天人交戰了一會兒，淚水湧上她的眼眶，終於承認是她拿了抽屜裡的錢，但她拼命解釋她不是小偷，她拿那些錢只是為了繳清已經不能再拖的帳單。

在這次調查裡，我說的故事有重大寓意、也暗示了對方應該要說實話。這個故事的寓意就是：一定要誠實；也暗示了對方：如果妳一開始說了謊，那麼接下來妳要盡快找機會說真話，以免陷入更大的麻煩。

接下來還有另一個運用說故事取得真話的案例：這是一名醫生利用說故事的技巧，使他兩名病人避免罹患嚴重的大病。在第一個案例裡，醫生根據病患的家族病史及驗血結果，懷疑病人心臟可能有問題，於是他就說了個故事，讓不想透露自己完整病情的患者有機會接受適當的療程。

醫生：你有沒有其他不尋常的狀況是我應該要知道的？

病患：沒有，我想不到。

醫生：這樣很好，很開心聽到你沒有什麼不舒服的地方，要是我的病人都這樣就好了。不曉得為什麼，有些病人不太願意提供完整的病史，也不願意把他們的症狀坦率告訴我。有一個病人讓我很難過，她就是那種很多事都不願意說的人，她明明生了一種病卻不告訴我，我只能治療那種病產生的症狀，而不是治療疾病本身。後來她吃盡苦頭，過了好幾年我才終於能判斷出她到底得的是什麼病，然後給予最適當的治療。（講到此處，醫生停頓了一下，然後給予病患誠心的建議）

醫生：如果你接下來想到什麼應該要告訴我的，不管是你的病史、任何不尋常的症狀或其他身體疾病，請務必讓我知道。我不希望你遭受沒有必要受的苦。

這個故事的寓意是：告知醫生你的完整病史與病情，也許能幫你避免在未來遭受長期的病痛，而且你當下的健康問題也能獲得更有效的治療，甚至還能進一步預防未來再受到類似問題所苦。這名醫生讓病人有機會在下一次看診時再透露其他病情，這也讓病人不用急著當下否認自己剛才的說辭，避免病人當場打臉自己的尷尬。

在第二個案例裡，這名醫生跟一位家族有癌症病史的病患說了個故事，希望鼓勵病患去做一個很不舒服、但卻能早期發現某種重大疾病的檢測。這種重大疾病如果能早期發現，治癒的機率很高。

醫生：你剛過五十歲，是不是該做個大腸鏡檢查了？

病患：我想應該不用，我覺得身體沒問題。

醫生：你覺得身體沒問題是很好，但我跟你說，我不久前有個病人也是覺得自己很健康所以沒去做大腸鏡檢查。結果很遺憾，三年後他說他得了大腸癌。這種癌症對身體的攻擊性很強，而且擴散很快。檢驗出來的時候我已經幫不了他了，六個月後那位病人就過世了。如果當時能早點發現，我就能救他一命。

這一次，醫生說的故事對病患來說同樣有個重要寓意：早期發現重大病症能救你一命，也暗示對方接下來該做什麼（在此例中，就是做大腸鏡檢查），以增加早期發現並治療大腸癌的機會。在聽完醫生的故事後，那名病患決定還是乖乖定期做大腸鏡檢查。

說故事能讓對方更容易接受你的觀點，也讓對方更有機會說實話並按照你的建議行事。因為說故事也是以第三方觀點為基礎，因此一般人碰到這招都很有可能大吐真心話。

故事若要達到最好的取話效果，你比須讓對方從故事內容看到他若按你的話做能獲得什麼好處。在剛剛提到的醫病案例中，醫生的故事告訴病患如果拖著不做該做的檢查，有可能小命不保，這個故事的威力足以說服病患接受大腸鏡檢查。而在我訊問銀行出納員的例子中，我說的故事也在暗示對方，如果繼續隱瞞偷錢的事情，下場可能會更慘，這個故事也足以讓對方了解到繼續說謊只會招來更大的麻煩，因此她最後也承認了自己犯的錯。

藉由說故事刺激他人說出真心話，也常用於成癮患者的治療。例如匿名戒酒會的成員會訴說自己的故事，藉此鼓勵參與戒酒會的其他人承認自己的酒癮問題，進而鼓勵他們戒酒。說故事這招對家長也很有用，當家長懷疑孩子在偷做些危險的事（抽菸、飆車、酒駕、發生不安全的性行為），他們也可以利用說故事讓孩子了解這些危險行為可能招致什麼後果，也許孩子能因此坦率承認做了什麼不好的事，或是願意停止這些糟糕的行為。

第七章 範圍推定：取得數字

對人事物保有好奇心，同時也當個有趣的人。你如果對別人很感興趣，別人也會對你感興趣。如果你想留下好印象，那就跟對方聊聊他們的事情。——蘇珊．楊

Be interested and interesting. People will be more interested in you when you are interested in them. If you want to impress, talk to them about...them.——Susan C. Young

範圍推定是一種專門用來取得特定數字或日期的套話技巧，通常用於商業交涉，可以探查出報價或交貨日期等數據。這個技巧靠的是人天生有糾正他人的衝動。在第五章中我們已經看過這個套話技巧的示範了：我想買鑽戒送我太太的時候，就是利用範圍推定，從店員口中知道我能得到的最大折扣。

範圍推定的目的是：讓你的套話對象在你所設定的範圍內提供一個特定的數字或日期。為了達此目的，你預估的最大值和最小值一定要合理。如果你預估的範圍太狹窄，而你要套出的特定數字已經很接近你預估出來的數值，那你的套話對象就不會覺

得有必要糾正你。但如果你預估的範圍太大，設定的最大值太高或最小值太低，那對方又有可能覺得你根本來亂的，因此對你產生反感。

我自己就有過慘痛教訓：有次套話實戰演練，我要某個學生去套出一位店員的生日，但那位學生希望我示範一次範圍推定給他看，所以我就走向那位目標女店員，閒聊了一下就開始把對話導向年齡的話題。我一派輕鬆地說我年紀太大了啦，不適合穿她店內的衣服，然後說：「妳懂的，妳跟我年紀蠻接近的……大概五十五歲到六十歲對吧！」結果那名店員氣呼呼地瞪著我說：「我看起來有那麼老嗎？」唉，不意外，接下來這段談話沒有什麼好下場。

我犯的錯是把她的年齡範圍估得太高了——我明明知道有些人對年紀很敏感，我要估也是估低一點，不該估得那麼高，估年輕一點聽起來像在讚美對方，估高一點就是羞辱了。這次經驗不僅為我學生上了一課，對我來說也是寶貴的教訓。

範圍推定也可用來刺激目標對象跟你聊你想聊的話題。例如，每次我開課教授套話技巧，我都會找個適當的時機跟學生聊我最喜歡的女演員珊卓・布拉克（Sandra Bullock），過幾分鐘後我又會說我心目中的第三名是瑞秋・麥亞當斯（Rachel McAdams）——這就是我設下了一個套話範圍。然後，我就開始講另一個不相關的主題。

接著一定會有學生問我我第二喜歡的女演員是誰，有時候可能馬上就有人問，有時要過一會兒，但每次肯定會有人問。每當有學生問我那誰是我心中的第二名女演員，我會直接告訴他，我是故意用套話技巧來激他們問這問題，我跟他們說我刻意設下了一個範圍來激起他們的好奇心。

第三章曾提到，當人的好奇心被激起，就會想方設法找到答案。解釋完後我就繼續上課，但此時學生都會打斷我，繼續問：「那你第二喜歡的女演員到底是誰嘛？」我就會笑著提醒他們，這就證明了好奇心正在驅使他們找答案，甚至我都告訴他們我是故意激他們問這問題了，他們還是想知道問題的答案，可見套話的威力很大。不過話說回來，我第二喜歡的女演員是瑞絲・薇斯朋（Reese Witherspoon）。

一天一蘋果 折扣就到手

聰明的消費者常會用範圍設定來獲得最大折扣。我見過一個最經典、同時也是最令我驚訝的例子是我有個學生居然能要到全新蘋果筆電的折扣。那次實戰演練我指示學生各自到賣場挑一間店，然後打聽那間店給不給折扣、能給多少折扣、誰有權核准這樣的折扣。我原本的預想是有些店願意打折，有些店就是不二價沒得談，而蘋果電腦就是我一開始覺得一定沒得談、只能按標價買的商店，但我錯了，各位請看我一位學生和蘋果店員的對話。

學生：（走向店員、示出友好信號、看著架上展示的電腦）這些筆電看起來好棒。

店員：你有想買什麼樣的筆電嗎？

學生：（指向筆電）大概像這款，如果我要買的話你一定有辦法給我八五折吧！

店員：沒辦法，最多九折，只有主管才能給更多折扣。

學生：所以主管能給七五折到七折嗎？

店員：我想他們最多也只能給到八五折到八折。

如果這個學生沒有一開始就運用範圍設定問到折扣，那名店員很有可能直接照標價賣，完全不會打折。

也許現在蘋果已經改變了銷售方式所以不打折，又或者是這家店當時剛好推出特價活動所以有折扣，但如果都不是的話……各位讀者不妨去試試看能不能用九折把電腦抱回家。你省下的錢，絕對超過這本書價格的二十倍！

你可以打幾折？

套話技巧很棒的地方在於，它有普世性，因為只要是人類都有共同的行為模式。某次我在國外教授套話課程，課程結束時學生想辦個期末派對，但他們的預算不多。一般來說，如果團體用餐，餐廳老闆通常會給折扣，所以我們利用這個派對做一次實戰練習：學生必須要探查到某些餐廳能提供的最大折扣。

如果直接問餐廳老闆團體用餐能享有多少折扣，未必能拿到最棒的優惠。許多餐廳的用餐價格是可以談的，餐廳老闆雖然會表訂個優惠價，但其實有可能可以提供更多折扣。所以，不要直接問老闆能給多少優惠價，而是要用套話的方式才更有可能問到實際的最低價。

學生們選了五間目標餐廳，兩人一組去問每家餐廳的最優惠價格。後來每組同學都利用範圍設定的技巧（例如跟老闆說「聽說在你們店內團體用餐可以打六折……」）帶回他們各自談到的最低價格。

最後學生發現，五間餐廳裡，團體用餐能享有的最高折扣是七折，而他們最想去的餐廳當時提出的最優惠折扣是七五折。但學生們知道這家餐廳的競爭對手願意提供七折優惠後，他們有信心能跟他們最想吃的這家餐廳再殺價殺到七折。

掌握了五間餐廳的優惠訊息後，這次由另外兩個學生到那間大家最想去的餐廳跟老闆交涉。一開始老闆馬上說團體用餐可以打九折，但我學生表現出對優惠不太滿意、猶豫不決的樣子，於是老闆又說可以打八折。後來我學生直接殺價殺到七折，而且說其他餐廳就願意給他們七折優惠。那個老闆遲疑了一下，最後還是願意給予七折優惠。現在辦派對的價格終於在學生的預算之內了。要是他們一開始沒有用範圍設定技巧去探查各家餐廳真正能提供的最佳優惠，然後再用這些資訊和最想去的餐廳交涉，那麼這場期末聚餐要花的錢肯定多很多。

我猜你不會出價

範圍設定在商業場合特別有用，因為做生意常會用到數據、估計、預期值等跟數字相關的資訊。範圍設定是一種比較不具威脅、但又能幫你打探到你想知道的真實數字的方式。在接下來的範例中，比爾和喬治兩人在相同產業的不同公司裡工作，各自的公司都想競標同一個政府大案子，比爾想要打探喬治的公司打算出價多少。

比爾：聽說你們公司也在標那個案子，但我覺得你們公司規模沒有大到可以應付那張合約。（推定陳述）

喬治：我們公司是沒有你們大，但我們最近添購設備，也實行了一些降低成本的方法。

比爾：就算這樣，你的成本最多降個五趴到十趴而已。（範圍設定）

喬治：你相信我們可以降到二十趴嗎？為了贏得這張合約，我們願意降低利潤。

喬治完全沒察覺自己已經把重要的出價資訊透露給競爭對手。根據喬治透露的訊息，比爾的公司如果想贏得政府合約，就必須把出價壓到比平常還低。

正如之前說，範圍設定最適合用來探查數字和日期，也可以用來打探個資和財務資訊，像是生日、PIN碼，或是各種有關於銷售價格或營運成本等商務數值。很不幸地，現在很多詐騙集團也會採用這種套話技巧，讓毫無防備的受害者不知不覺洩漏資訊，巧妙獲取個人的社會安全碼、電話號碼、銀行密碼、地址或信貸評分等，用來盜竊身分或進行其他犯罪。因此，知道範圍設定的技巧也能讓你比較不容易被騙，這點我們在第十四章還會繼續討論。

第八章 好奇心：真相誘餌

好奇心不過是種虛榮心，我們會想知道某件事只是因為知道了以後就可以跟別人說這件事。——布萊士・帕斯卡

Curiosity is only vanity. We usually only want to know something so we can talk about it.——Blais Pascal

我在第三章說過：好奇是人類的天性。進一步說，當「已經知道的資訊」和「想知道的資訊訊」之間出現信息差距，好奇心就會驅使我們去消弭這種落差。人在好奇的時候，其實更容易透露很有用的訊息，因此，套話的人可以想辦法激起套話對象的好奇心，來吸引對方的關注，營造和諧氛圍，進而獲得資訊或讓對方乖乖配合。

好萊塢更是利用好奇心的箇中高手，總是用「賣關子」這招吊著觀眾胃口，讓觀眾持續回流收看新集數或新季數。不過，如果要說哪部影集是利用好奇心穩固收視率並創造話題的最佳範例，那莫過於四十年前的《朱門恩怨》（Dallas）。在這部人氣影集的第三季最後一集，主角傑遭到射殺，造成接下來好幾個月觀眾持續熱烈討論到底

誰是兇手。你也可以利用好奇心與套話對象打交道，進而從對方口中套出你想知道的資訊。以下有幾個範例，包括我利用好奇心逮到外國間諜，還有我利用好奇心讓一位維修人員無私向我展示如何維修我的辦公室電話系統。

好奇心殺死間諜

有一天我在辦公室裡接到FBI總部打來的電話，通知我有名疑似來自北韓的情報人員（以下稱為金小胖）在我的轄區內開店做生意。我的任務是要把金小胖籠絡過來當雙面間諜。我先解釋一下雙面間諜的意思：如果北韓情報人員想要取得美國重要情資，那這叫一般間諜；若在某個機緣之下，美國情報單位發現了這名北韓間諜，並且成功籠絡過來為美國國做事，在北韓情報單位完全不知情的狀況下替美國監控、獲取北韓機密，那麼這種間諜就是雙面間諜。優秀的雙面間諜可以提供非常寶貴的資訊，因為他們很容易取得母國情報單位的訊息。但若你雇用雙面間諜，一定要嚴密監控，因為他們的忠心是可以被收買的。

好，現在的問題是：我要如何和金小胖碰面，並且讓他有興趣聽我的提議，而不會被嚇到逃之夭夭或是打死不承認自己是間諜。我決定利用他的好奇心來引起他的注意，刺激他主動跟我聯繫，如果順利的話，最好還願意跟我合作。

於是我馬上將計畫付諸行動：首先，我故意挑金小胖不在他店裡的時候造訪，然後留下一張紙條寫著「訪未遇，真可惜。傑克敬上」我這麼做是為了激起金小胖的好奇心；幾週後，我又故技重施，這次留下第二張紙條寫著：「真可惜又沒碰到你。傑克」這第二張紙條一方面是要讓金小胖更好奇我的身分，同時也讓傑克這個人看起來沒什麼威脅性。

兩週後，我第三次來到金小胖的店，同樣是趁他不在的時候來的，我留下一張紙條寫著：「三訪不遇，好可惜。0937-000-000，傑克」我才剛離開那家店，金小胖就打電話來了。這件事情很重要，因為我希望一開始是由他主動跟我聯繫。

我立刻折返，但先從停車場監視該店，等到出入的人變多以後才走進店裡，我跟金小胖自我介紹，秀出我的FBI證件。我看著店內的人潮，對他說：「你現在在忙，我等你店裡沒那麼忙的時候再回來。」接著我轉身走出店外。

我這麼做是因為我知道此刻的金小胖正在經歷「愣住／戰／逃」這三種反應之一，這是人在驚恐之下的自然反應，他當下可能無法理智地消化外來訊息。我也知道情報人員身分被發現的時候有一套緊急應變措施：間諜都會替自己偽裝的身分事先編好故事，設法讓自己的故事更加天衣無縫，好面對接下來的約談或盤查。我先離開那間店，是要讓金小胖有時間回過神來，也讓他有時間好好準備一下我們接下來碰面時要講的故事。我讓他有時間準備故事，這樣他才會有自信面對我，他才會認為自己一定能順利度過接下來的談話，有這股自信他才能自在地跟我說話。我已經激起了他的好奇心，營造了合適的環境來套話，就算套不到太多訊息，至少也能聽他解釋他在美國的活動。

一個小時之後，我回到金小胖的店裡，邀請他跟我一起到附近的速食店喝咖啡。這麼做有幾個理由：第一，我要他離開自己的地盤，跟我到一個我倆都沒有主場優勢的地方；第二，在速食店這樣的公共空間裡其實相對安全；第三，我建議他跟我一起走去速食店，因為當人一起走或一起散步，通常會進行交談，我便可以利用這短短的步程開始營造和諧氛圍。

到餐廳後，我自掏腰包請金小胖喝咖啡，我這麼做是為了激起人類「回饋」的習性（見第三章），另外我選擇跟他邊喝咖啡邊聊，是因為人在吃東西的時候很喜歡說話，事實上，所有資訊裡大概有七成都是在吃吃喝喝的時候交流的。

營造好和諧氛圍後，金小胖問我想從他那裡得到什麼。我說：「金先生，是你打給我的，你一定有想跟我說的話，為什麼不先聊聊你想跟我說什麼？」此時金小胖沒有想到他其實是因為好奇才打給我，我就是利用他的好奇心引誘他打給我，我在和他談話的過程中很謹慎地使用了一連串的套話技巧，一直刺激他做出我希望他做的事，但他本人並不知情。

利用好奇心獲得資訊

有天早上，一位維修人員來到FBI辦公室安裝新的電話系統。由於我們的辦公室需要嚴密保護，因此當時我奉派全程看著這位維修人員。當他打開電話控制箱，裡面密密麻麻縱橫交錯的電線讓我嚇一跳。我突然很想知道這系統是怎麼運作的，但我沒有直接這樣問對方，我決定利用好奇心激起對方自己跟我解釋他在做些什麼，我們的對話大概如下：

我：很高興你很準時，我今天有很多事要忙，你一維修完我就要馬上回去工作。

維修人員：我知道規定，我之前去過好幾間FBI辦公室了，修這個不用太久。（他走向電話中央控制箱，打開箱子。我瞄了一眼控制箱內部，只看到裡面有一大團電話線和電線。）

我：這個一定需要很多經驗和專業，才能知道怎麼搞定這團線。（讓對方有機會展示長才）

維修人員：其實不需要耶！其實電話就跟電器開關一樣，你拿起話筒就等於打開開關。

我：真的嗎？看起來沒那麼簡單，我很好奇這些線路是怎麼運作的，如果我看著你修會不會讓你分心？

維修人員：不會啊！（他開始指著控制箱內部）這些是來自主集線器的電線，每條電線都代表一條可用的電話線路，每一條線的另一端接的就是某一台分機。（接著他很快地把我們五台分機其中一台的線路插入某個插孔，而且我注意到他用了某種特殊工具來進行這個步驟。）

我：我注意到你用的特殊工具，那個工具是專門為了這個工序設計的吧！（推定陳述）

維修人員：其實一字螺絲起子也可以，我這工具只是更省力一點。

我：喔，了解。（維修人員把所有線路都接好，並且把寫著每台分機號碼後四碼的貼紙黏在對應連接埠旁邊，再關上控制箱。）

維修人員：都弄好了，你可以趕快回去工作了。我也要在半小時內趕到另一個地方。

我：感謝你讓我看整個流程還為我詳細解釋。（讓他覺得受到肯定）

大約一年後，我從這位維修人員身上獲得的資訊居然派上大用場。那時我們辦公室要重新安排座位，等到換好座位後，我桌上的電話都是打給我同事的，而我同事接到的電話都是打給我的。我們立刻發現，我們雖然換了座位，卻沒辦法把分機一起搬到自己的新位置上。我們馬上送出報修單，希望找電話維修人員來幫我們換分機。然而主管卻不想花錢，叫我們自己把新分機的號碼通知所有聯絡人。

嗯，這種要求太麻煩，於是我們決定自己想辦法解決這個問題。我想起我看過維修人員設定這些分機的線路，於是我走進儲藏室打開電話控制箱，出現在我眼前的不再是一團雜亂無章的線路，而是條理清晰的一組組開關，連接埠旁還標有每個分機號碼的後四碼。因為我手邊沒有一字螺絲起子，所以我用嵌在指甲刀裡能夠旋轉出來獨立使用的金屬銼刀，把每個分機接頭從原插槽逐一拆下，並逐一根據新的座位配置插到新的對應插槽裡，問題就神奇地解決了！我同事都很驚訝我居然還懂這個。我淡定地點點頭，說這是特工日常而已。我沒有透露我是如何學到這項新技能，也沒有告訴他們這其實簡單到不行。

多年來，我因為學會修洗衣機、烘衣機、洗碗機、咖啡機和各種家電而省下鉅額的維修費。每當家裡有東西第一次壞掉，我都會請維修人員來修，但每次我都會在旁邊看，然後再運用各種套話技巧（最常用的就是好奇心）讓對方毫無保留地告訴我要怎麼修，於是我就學會修裡各式各樣的家庭用品。現在家裡東西若壞掉我幾乎都能修，甚至朋友家東西壞掉我也會自告奮勇幫忙修，幫他們省錢。

消除信息差距

前面說過，當一個人「已經知道的資訊」和「想知道的資訊」之間出現落差，好奇心就會驅使他設法消除這樣的信息差距。套話的時候，你可以借用好奇心這個特質，例如穿上特殊的衣服（T恤上面印有某個品牌或很特別的句子），都有可能讓某人好奇到主動接近你，問一些有關你T恤上的字樣或標語的問題。如果你認識你的套話對象更好，你可以說些會讓對方好奇的事情，或穿戴一些你知道會讓對方感興趣的服裝配件。你的套話對象很有可能會主動接近你，根據你們兩個的共同點開啟一段對話。這麼做可以立即營造和諧氛圍，接著你唯一要思考的是應該用哪種取話技巧來獲得你想要的資訊。

碰到不願跟我好好談話的嫌犯，我通常會用利用對方的好奇心讓他開口。有一次，一名尚未遭逮捕、只是先來局裡約談的嫌犯放話說他不想談了，要回家了。當他準備站起來的時候，我故作輕鬆地說：「你不想知道接下來會發生什麼事嗎？」那名嫌犯歪頭看著我，他想了幾秒後又坐下來，說：「想，我想知道接下來會發生什麼事。」於是我又能繼續訊問他了。最後，在套話技巧多管齊下後，該嫌犯便認罪了。但別忘了一開始我是利用對方的好奇心才讓他願意繼續談下去，才有後面讓他認罪的機會。

利用好奇心來套話之前，要做點事前的計畫，但只要稍加練習，就可以運用自如，而且無論在什麼時空背景下、無論在哪種文化情境中，只要是人都有好奇心，都能為你所用。

第九章 捧，套，殺

你不會因為殺了大盜傑西傑姆斯……而成為傑西。——《絕命毒師》主角麥克．艾曼崔

Just because you shot Jessie James...don't make you Jessie James.——Mike Ehrmantraut

接下來我們要討論一種可稱為「捧高貶低」之術，就是去捧高或貶低套話對象的地位或價值。當你捧高對方時，對方會知道他／她自己不值得受到這麼高的肯定，或者會想拼命證明自己值得你給予的肯定。這種落差會導致之前提過的認知失調，人若出現認知失調就會很焦慮，為了要減輕焦慮，你的套話對象通常會透露更多個人訊息或敏感資訊，有可能是為了解釋為什麼他們不值得你給予的高度肯定，又或者是急著想證明自己的確跟你說的一樣好。

正如我在第三章提過的，需要被他人肯定是人的基本天性，套話高手就很擅長利用這種天性從原本會守口如瓶或欺瞞敷衍的對象口中套出實話。每個人對自己在工作

上的地位或價值都有一定程度的認知，如果你套話的時候給予對方肯定或讚美，就等於是在執行友誼的黃金定律，並且營造和諧氛圍，讓對方更有可能據實以告；如果你在談話的時候刻意捧高對方的地位，高到一個對方自己都懷疑是否配得上你的讚美，就會造成對方想要「證明」你的判斷是正確的，於是就會更願意配合你，甚至對你知無不言、言無不盡。若你刻意貶低對方，把對方的價值貶低到比他／她對自己的認知還要低的程度，也會有同樣的效果，因為對方會想證明他們比你想的還要好，所以在證明的過程中更容易向你透露重要資訊。

地位貶低術對於很自戀的人或自我感覺良好的人特別有效，你只要刻意貶低這種人的地位，他們就會急著提供更多資訊來證明你是錯的。地位捧高術則適合用在沒有自信或不喜歡談論自己和自己成就的人身上，也適合用於政府或私人企業的基層員工，你如果刻意捧高這些人，可能會讓他們急著提出理由說明為何他們不值得受到這麼高的肯定，但也可能會急著想證明你是對的。

接下來我將分享一些案例，讓各位了解如何利用捧高或貶低對方的方法，來刺激他說出實話。研究完這些真實案例以後，你對於如何使用這項技巧會更有概念。

想像一下你是個科學家，承包了國防部的機密計畫，手握最高層級的機密技術。有一天，你突然接到中國大使館一位官員打給你的電話，他想邀請你到中國演講你在非機密領域裡的研究成果，高規格接待，費用中國政府全額支付。你立刻告知國安單位這項邀請，國安單位說只要不談論機密資料就可以去中國演講，於是你回覆中國官員，確認了演講行程，對方還要你提早一週到中國來觀光旅遊。機會難得，所以你答應了，而且很期待。

你到了機場，由中國官員迎接，他說他是你的專屬地陪兼翻譯。每天早上他都會在飯店跟你碰面，和你一起吃早餐，然後展開一整天的觀光行程。你的吃吃喝喝全由這位導遊出錢，晚上他還會幫你安排一些社交活動。此外，他還很親切地跟你聊他的家人，以及他們家的日常生活。出於人類「回饋」的天性，你也跟他聊你的家人，不過沒有聊到太重要的訊息，就提了一下你太太和孩子的名字、生日、結婚紀念日、你們家人一起慶祝的某些節日。日子一天天過去，你很驚訝地發現你和對方雖然身處截然不同的文化之中，但你們其實有很多共同點。

終於到了演講的日子，會場座無虛席，你的演講大獲好評。演講結束後，一位聽眾來找你，說他對你的研究非常有興趣。他說你的研究非常驚人而且創新，接著他問了一個問題，這是關於他一直以來在做的研究，而且跟你的研究也有些相關，如果你要認真回答的話，你必須透露一些很敏感、但還不到機密的資訊。於是你很開心地為他詳盡解說，即使你說的內容已經踩在機密範圍的邊界了。

當你正等著搭飛機回美國，你的地陪兼翻譯跟你說這次演講太成功了，所以中國政府希望明年還能邀請你再來演講。而且因為今年的小演講廳完全擠爆，所以明年會換到高級飯店裡的大型國際會議廳。喔對了，明年也邀請你太太一起前來，所有花費全由中國政府支付。

身為FBI的防諜探員，只要有科學家海外歸來，我就必須約談他們了解情況，看看是否曾有外國情報人員接近他們探聽機密資訊。我約談過很多科學家，他們告訴我的內容都很類似上面的故事，所有人都說中國的主辦單位實在太貼心、太週到了，而且從來沒有打聽過任何機密，完全沒有陰謀。沒問題的。

真的嗎？

事實是：中國的情報人員都是一流的套話高手，他們很巧妙地利用吹捧、肯定、讚美來取得想要的資訊。每個受邀到中國的科學家都受到五星級的款待，而且會聽到如滔滔江水連綿不絕的讚美（還有必備的「今年會場太小，明年改到高級國際會議廳！」）。演講都大獲好評，研究都被形容成極具影響力且十分創新。

約談好幾位科學家之後，我發現了一件很有趣的事：這整個流程其實有一定的套路：每個科學家演講後，都會有個中國科學家前來求教，一開始會先說好聽的話來營造和諧氛圍，然後再提到自己做的研究，希望這位美國專家能給予一些建議。此時美國科學家都會很樂意幫忙，在仔細檢視對方提供的資料後，通常會十分詳盡地解釋。當然，美國科學家這麼做也是因為他們想展示自己在該主題上的專業，不過他們卻沒意識到自己已經提供了中國科學家過去不知道的資訊。然後，當中國科學家一邊繼續讚賞美國科學家的研究，一邊進一步打探更多資訊，美國科學家往往會毫無防備地透露更多訊息。

每位美國科學家單獨、個別提供的資訊，其實沒有那麼重要，但中國的情報人員透過上面所述的吹捧套路，向數百位美國科學家探聽資訊，無數的片面資訊拼湊起來就能形成某些重要科技的藍圖。就像拼拼圖一樣，中國的情報人員靠著一次套一點資訊，長期下來他們就可以把這些資訊拼湊出許多尖端科技的藍圖，而這些尖端科技是他們過去不曾擁有的。因此，後來我們都會在美國科學家到中國演講之前，先提醒他們小心中國用各種巧妙的心機竊取我們的國家機密。

當一個人的工作表現或成就獲得讚賞，這個人很容易對讚賞他的人產生好感，進而願意跟對方分享資訊，甚至可能因為過度沉浸在被肯定的喜悅中，而根本沒意識到自己說了什麼。從以上案例可知，你套話的時候可以參考中國情報單位的套路，藉由吹捧對方增加套話的成功機率。

捧，等於更多資訊

有次我和兒子布萊恩去書店的時候，親自體會了吹捧的妙用。當時有個作者在店前的小攤位辦簽書會，但一個人也沒有，所以我和布萊恩就去和作者聊一聊。布萊恩跟作者閒聊的時候，我稍微翻閱了一下那位作者的書，然後我稍微有些誇張地稱讚那位作者，說她的寫作風格讓我想到大作家珍．奧斯汀。

聽到此處那位作者的雙眼突然亮了起來，臉頰還微微發紅，她說：「真的嗎？我其實沒有很多時間寫作，我有三個孩子，老公是軍人所以長期不在家。我一直想回去讀完大學，我之前為了結婚而輟學，這個決定一直讓我很後悔。」後來在她說話的過程中，我不時點頭並說些貼心話鼓勵她繼續講下去，然後她就對我傾訴她的人生故事，包括一些如果我直接問她絕對不會回答的敏感資訊。

透過你的地位來捧高他的地位

一九九六年，我奉派前往洛杉磯北方的羚羊谷地區調查侵犯民權的罪行。這個地區有個白人至上的極端幫派，自稱「低調納粹」，陸續犯下一連串駭人聽聞的仇恨犯罪，他們的成員大約五十人，又自稱「光頭黨」或「啄木鳥」。他們對猶太人、黑人和亞洲人懷抱極為強烈的恨意。

當年有三名幫派成員在羚羊谷高中的校園裡用螺絲起子捅了一名非裔學生，這起攻擊的動機源於對非裔的仇視。不久後，又有一位黑人青少年走路回家時，被數名光頭黨拿開山刀砍傷，這幾名光頭黨開著車經過，大叫著「白人力量」，還做出納粹敬禮手勢。黑人青少年見狀立刻快跑，但還是被他們追殺砍傷。

被指派調查這個案子之後，我一開始不太曉得該如何著手。我的專業是保防，對於這種仇恨傷害犯罪案件毫無概念。於是我跑去請教幾位同事該怎麼調查光頭黨，他們給我的建議不外乎大範圍監控、從幫派內部取得消息來源、派臥底探員滲透幫派。我把這些調查技巧考慮了一下，決定採用直球對決：我就直接到這個幫派成員出沒的地方，然後直接用套話技巧從這些人口中套出關於光頭黨都幹了哪些好事。

光頭黨時常在蘭開斯特市中心附近的一個破舊小屋聚集。我穿上我最好的西裝、戴上墨鏡、再搭配高級尖頭皮鞋，到了那個小屋後我用力敲門，一名大約十九歲、理著平頭的年輕男子前來開門。

「你衝三小？」男子的語氣很嗆。

我擺出最兇狠的語氣告訴他，我叫傑克．謝弗，是FBI探員，聽到我的身分後，這個年輕人口氣就比較緩和了。

「你是要來抓我的嗎？」他問。

「不是，我只是來聊聊。」我繼續說：「你是光頭黨嗎？」

他有點猶豫地點點頭。

我問：「屋子裡還有其他光頭黨成員嗎？」這年輕人再次點頭，於是我態度強硬地要求他叫屋子裡的其他人統統出來。屋裡慢慢走出六名光頭黨成員。我直接表明我的身分，告知他們FBI已經開始調查羚羊谷的幾起仇恨犯罪，我也挑明說，我知道有幾起種族暴力事件就是他們幹的。我死命盯著他們每個人的眼睛，嚴正聲明我的工作就是要把他們關進大牢，我還問他們有沒有聽懂我說什麼，他們全都點了點頭。

做出嚴正警告以後，我又立刻把語氣稍微放軟，開始跟他們對話，試著套出一些訊息。我跟他們說我平常的工作是保防（抓外國間諜），對於光頭黨的意識形態並不清楚，我很願意更了解他們的白人至上主義。於是他們開始輪流跟我說，他們堅信白人優於任何其他人種，甚至還進一步表示他們認為種族隔離是有必要的，他們不歡迎任何次等人種出現在加州。他們說的這番話非常關鍵：根據聯邦法律，要起訴仇恨犯罪，必須證明加害者意圖剝奪弱勢族群的公民權利，然而這些幫派分子完全沒意識到自己說的話已經幫我確立了他們的犯罪動機。

於是我決定接下來的首要任務就是跟越多光頭黨成員談話越好，這樣我就有機會透過套話，蒐集更多證據來起訴他們。我一天會找四、五個成員談話，但我不會直接問他們幫派平常都在做什麼，我反過來關注每個成員的私人生活。我想了解是什麼激起他們心中這麼強烈的仇恨，所以我每天會花一小時進行一對一訪談，並且盡可能接觸越多幫派成員越好。我戲稱這種訪談為「家扶訪視」。

大概做了六次家扶訪視以後，我前往另一名我之前從未談過話的光頭黨成員住家。那名光頭黨成員開門後我馬上表明身分，但他直接拒絕跟我談話。聽到這我也不著急，我跟他說他不想談就不談，然後我問他：「你認識任何真正的光頭黨成員嗎？」我跟他說我只想跟真正的光頭黨聊聊，而真正的光頭黨成員對自己的白人血統非常驕傲，而且從來不怕跟別人談論他們的信念。

此時對方愣了一下，然後說：「呃……我就是光頭黨啊！」

我說：「很好，那你就可以出來跟我聊聊你的想法。」於是這名光頭黨就出來跟我談話了，而且提供我很多線索，足以證實他們有剝奪他人公民權利的動機。談完後我感謝他的配合，跟他說我還會找時間來跟他聊，看看他過得如何。

我在不同場合訪談完更多光頭黨成員後，我又去了另一個還沒拜訪過的成員家。到達後，我按門鈴，對方來應門，然後我開始表明身分和來意，但我還沒說完就被對方打斷，他說：「我知道你是誰，我很開心你終於來了。」

我當下傻眼。

「我跟你講，」對方繼續說：「現在光頭黨裡有一群人說他們被FBI盤問過，所以才是真正的光頭黨。現在你來了，我終於也可以說我是真正的光頭黨了。」

沒想到，我的家扶訪視居然莫名提升了某些光頭黨成員在幫派內的地位！所以我這次幾乎不費吹灰之力，對方就很樂意跟我分享白人至上的思想，還告訴我他參與了好幾起犯罪，甚至主動提供那些跟他一起犯罪的人的名字。由此可見，地位捧高術是非常強大的套話技巧，能幫你更有效率地蒐集資訊。

捧高顧客，順利成交

有一次我在自己的辦公室也碰到類似的例子。因為我是西伊利諾大學的教授，所以有很多大出版社的業務時常到我的辦公室推銷，希望我能採用他們「最新、最優質的」教科書作為課堂用書。有一次，一名業務突然敲門走進我的辦公室，她很驕傲地讚美她的出版社推出的某本書，開門見山便說這本書一定遠勝過我現在用的教科書。

我心想：「這女的剛剛說我幫學生選的書不好耶！」當下我立刻覺得必須捍衛我選用的課本，而不是好好翻閱一下她推銷的書。事實上，她這麼用力推銷的書有可能真的比我用的課本好，但她說的話讓我只想要捍衛自己的選擇。於是我很禮貌地說我很滿意目前用的書，對她推薦的商品不感興趣。

她離開後我思考了一下，為什麼她才開始推銷沒多久，我就充滿戒備呢？那名業務雖然沒有直說，但她的言下之意就是我目前使用的課本不好。一旦我開始捍衛自己過去做的選擇，就更不可能好好看一下她推銷的書，更不用說採用了。所以我想了一會，然後想到了一個很簡單的推銷開場白，至少能讓教授們比較有可能試閱新書。這樣一來，如果新書真的比教授們原本選用的課本好，那麼購買的機率就會大增。

此時要使用的技巧就是地位捧高術，推銷開場白可能類似「某某教授您好，我這裡有一本新的教科書，希望您能夠給些建議，如果您有時間的話。」這樣說就不會感覺業務是來推銷的，而是來請教授針對某本書給予一些意見。一開頭的「某某教授您好」不僅很有禮貌，同時也凸顯了潛在客戶的地位；「希望您能給些建議」則能提高該名教授的地位，此時教授心裡可能會想：「這業務當然會希望我能給點建議囉！畢竟我是這個領域的專家嘛……」最後再補上「如果您有時間的話」又更進一步提升對方的地位，因為人的地位越高，時間就越寶貴。

這樣的開場白至少增加了教授翻閱一下新書的機率，而翻閱新書才能讓教授有機會判斷這本書是否比自己目前用的書好。假如新書真的比較好，教授也不會吝於說出自己的想法。當教授給予意見的時候，也代表他有認真考慮過這本書。簡言之，利用

「請教意見」作為推銷的契機，這個方法捧高了教授的地位，因此大大增加教授選用新書作為教科書的機會。

那位業務再度來到我的辦公室的時候，我請她聽聽看我想出來的推銷開場白，然後給點意見，她立刻答應了。她聽完後想了一會，然後說這樣的開場白實在太棒了，還問我她能不能拿去用，我欣然同意。幾個月後，這名業務又來到我的辦公室，很開心地跟我說我想出來的開場白真的讓更多教授願意翻閱她推銷的新書，她的業績也成長了很多。

類似的推銷開場白可以用於推銷各式各樣的商品，如果以詢問客戶對某個商品的意見來開場，通常能夠讓客戶在不感到壓力的情況下主動給予真實的評價。客戶針對某商品發表的意見就能成為業務開始推銷的契機。結果證明，「地位捧高術」能帶來諸多好處，不只套話時很好用，對增加業績也很有幫助。

貶抑法是一種黑魔法：打擊對方自尊，同時獲取資訊

在書店和那位小說家談話之後，我發現捧高對方地位的妙用，於是我馬上想知道

若在套話時貶低對方地位會發生什麼事，然後我就找了一位朋友來測試，他是民主黨的死忠支持者。有一次我跟他聊了一會政治後，我告訴他，他剛說的某些論點，真的很像共和黨雷根總統的理念。他一聽我這麼說，立刻激動地反駁：「我才不是共和黨咧！」然後他接下來又花了十分鐘努力說服我為什麼他不是共和黨同路人，因為被說成是共和黨，對他來說根本是在貶低他。當他拼命跟我解釋的時候，他透露了許多他個人的財務狀況。如果他不是太急著解釋為什麼他不是個「有錢的共和黨人」，通常他不會隨便告訴別人他的財務狀況。

本書前面幾章已經提過貶低他人地位的例子和後果。還記得在知名化學企業上班的社會新鮮人薇琪嗎？她跟主管說她有辦法改善製程，但她非常不客氣地說她的想法才是對的，主管是錯的。結果呢？主管更不客氣地叫她滾回她的座位，並嚴正警告她做好份內的事即可，不要插手主管的工作。還有那位叫做約翰·查爾頓的工程師，他因為在洛克希德馬丁臭鼬工廠覺得不受賞識才鋌而走險，想把最高機密的匿蹤科技賣給國外情報單位。

無論是有心還是不小心貶低他人的地位，都有可能創造很適合套話的氛圍，讓對方不小心透漏重要資訊。不過請注意，貶低對方的地位很有可能會打擊對方的自尊心，所以如果真的要用這個技巧套話，請事先考慮清楚可能產生的連帶後果。

為什麼捧高對方這招有用？

因為人都喜歡被肯定。所謂「肯定」，通常是來自地位更高、成就更高者所給你的讚賞。知名數學天才大衛・斯克蘭斯基（David Sklansky）曾經說過一個故事，關於人為什麼會想提升自己在他人眼中的地位（尤其是不太看得起自己的那些人）。

斯克蘭斯基說：「我有位朋友剛開始學花式溜冰，全心投入，還上網找其他同好一起練習。後來她的確找到不少溜冰同好，而且很多人都超厲害，雖然不是奧運冠軍，但在地區性的比賽都有不錯的成績。我朋友只是新手，相形之下這些人都算專家了，但他們一點架子也沒有，一直鼓勵我朋友而且很熱心地教她。」

「她說她之前曾培養過別的嗜好，卻沒碰過這麼友善親切的同好。這其實讓我很驚訝，因為通常專家對於初學者都很冷淡。所以我想知道為什麼。」

「後來我發現，我朋友碰到的這些同好雖然溜冰很厲害，但相對來說沒什麼知名度，而他們也不是世界級選手，所以他們的才華和努力不為人知，加上一般人都是溜冰外行，看不出來他們的動作需要多麼高超的技巧。」

「我認為，這些沒什麼名氣的溜冰高手這麼熱心地鼓勵、教導我朋友，是因為他們希望我朋友能夠擁有足夠的知識和經驗，這樣才能真正欣賞他們高超的技巧。我不是說這些人是刻意這麼做，也不是說他們只是想讓別人肯定自己才這麼熱心。我要說的是，在某方面有專長的人，通常會希望別人肯定他們的能力，但卻時常事與願違。對這樣的人來說，能夠賞識他們的專業或才華的人，只有那些在同領域也有一定能力的人。」

「我不是說幫我朋友的這些溜冰高手是假好心，我只是認為有很多還未成為世界級大師的高手會下意識想要協助初學者進步，這樣一來這些初學者就有能力欣賞這些高手的高超技巧。」

我覺得斯克蘭斯基的想法很值得各位參考。如果你想要培養某方面的能力，尤其是比較少見的專長，也許你可以去請教一些比較沒有名氣的專業人士，或是快要成為專業人士的高手，他們可能會很樂意給你建議，甚至還能免費教你。也就是說，無論你想學什麼，找個這方面很厲害、但不有名的高手，好好地巴結一下然後再請教，對方就有可能會很熱心地幫你。誇獎別人的時後稍微誇張一點，會很有用的！

總而言之，善用捧高或貶低他人的地位的技巧，能讓你更有機會從別人口中套出實話，而且對方還不會發現，因此不會對你有戒心。不過要注意，在捧高他人地位的時候你的讚美還是要大致符合對方的狀態或表現，不能因為想讓對方透露你想知道的資訊就很刻意地吹捧對方。如果對方發現你的讚美很不真誠或與事實落差太大，他們會覺得你在騙人，從而不信任你也不喜歡你，那你的套話就失敗了。

第十章　同理心論述

挺身而出，直言不諱，這需要勇氣。不過坐下傾聽，也需要勇氣。——邱吉爾

Courage is what it takes to stand up and speak. Courage is also what it takes to sit down and listen.——Winston Churchill

同理心論述（也就是貼心話）是非常有效的套話工具。它跟推定陳述不一樣的地方在於：推定陳述的內容非對即錯，但同理心論述是描述了對方的生理或心理狀態，表示你了解對方說的話，然後用換句話說的方式重述對方的感受和言論。說這類貼心話能傳達一個很重要的訊息，那就是「我有認真聽你說話」。你必須要有同理心才能把對話的焦點放在對方身上；你也必須要有同理心才能透過對方的眼睛去看世界。

我們已經在第二章談過同理心和同理心論述的重要性，當時我也提到醫生如果能善用同理心論述，就更有機會得知病患真實的病情。當病患知道醫生有用心傾聽他們說的話，病患會很樂意提供更多訊息。為了讓病患透露更多病情的訊息，我常建議醫

生要常常點頭、常常說「了解」、「請繼續」、「OK」這類具鼓勵性的回覆鼓勵病患說下去。點頭和鼓勵性的回覆顯示你贊同對方、持續關注對方、並且希望對方繼續說下去。有數據顯示，如果你在對話中常常點頭，可以讓整段對話內容增加三到四倍。

當然，用貼心話來探聽實情絕對不僅能運用在醫療上，你可以利用貼心話讓各種對象對你吐露實話，包括你的孩子、朋友、另一半，甚至連你每天生活裡遇到的陌生人都可能因為你的貼心話而對你說實話。

在這個章節裡我會給各位看更多範例，讓大家知道銷售員和醫生如何運用同理心論述大大提升績效和服務品質。而且同理心論述不只是很有效的套話工具，懂得適時說些貼心話也能讓你順利營造和諧氛圍。

第二章說過，貼心話的基本句型是「所以你……」若你是個銷售員，運用這個句型能讓你的顧客知道你真的有在聽他們說話。簡單的貼心話可能包括「所以你覺得今天過得很順利」或者「所以你今天很開心」。這個基本句型讓對話的焦點能持續放在顧客身上。你說的貼心話呈現你接收到的信息，但把詮釋這段信息的機會留給顧客。如果你的認知正確，那麼對方通常會再補充一些有用的資訊；如果你的認知是錯的，那麼對方通常會立即糾正你。

顧客的真實需求

在一般的銷售場景裡，銷售員必須在短時間內營造和諧氛圍，才不會讓顧客感到受威脅。通常我們對銷售員都會有戒心，因為顧客總覺得銷售員的目的就是讓自己掏錢。因此，銷售員的第一目標就是要跟顧客建立和諧關係，才能讓顧客放下戒心，允許銷售員靠近交談。第二章討論過的和諧氛圍營造技巧就能讓銷售員在短短幾秒內達此目標。

一旦銷售員透過三大友好信號降低了自己在買家心中的威脅指數，就可以開始說些貼心話來強化和諧氛圍，並探查買家的購物需求。銷售員說貼心話不僅能讓對話的焦點集中在買家身上，也能讓買家覺得受到重視。我們對於喜歡聽我們說話且在乎我們感受的人，都會很有好感，而善於運用套話技巧的銷售員能讓買家覺得對方有認真傾聽並理解自己說的話。

但是說貼心話的時候要注意，不要逐字重複對方的話。逐字重述對方的話反而會讓你聽起來很嗆，很沒誠意，正確範例如下：

店員：您好，有什麼需要幫忙的嗎？

顧客：我得買新的洗烘衣機。

店員：所以您現在的洗烘衣機已經很老舊了吧！（同理心論述）

顧客：不是耶，我要搬家了，新家比較小。（本能糾正店員的論述）

店員：哦，所以您需要小一點的機型（同理心論述），我帶您看一款很暢銷的雙層洗烘衣機，它的設計很省空間。

顧客：好啊。

這名店員利用同理心論述，讓顧客持續位在對話的焦點，並鼓勵他肯定或否定「所以您現在的洗烘衣機已經很老舊了吧！」這句話呈現的訊息，於是顧客出自本能糾正店員，說自己「要搬家，新家比較小」，這項補充資訊明確指出店員應該集中火力推銷什麼類型的產品。還有，顧客一開始說了「『我得買』台新的洗烘衣機」，「我得買」這三個字顯示這名顧客是認真想買，而不是隨便逛逛而已，同時也顯示他對特定商品有急迫需求，必須盡快購買。

在這段短短的對話中，店員已經獲得很重要的資訊：第一，這位客人是認真想購買商品；第二，店員準確掌握了這名客人最可能購買的洗烘衣機類型。掌握這類資訊能幫店員和顧客省時省力，顧客可以帶著想要的商品開心回家，而店員也有更多時間服務其他顧客。

說些貼心話可以創造雙贏的局面：店員可以迅速賣出商品，顧客可以迅速買到想要的東西，商店還能因此建立好名聲、吸引更多生意。

貼心換真情

有一次我去做健康檢查的時候，剛好有機會跟醫生聊到我正在寫的新書（就是這本）。他問我主題是什麼，我就簡單地解釋一下，說我的書是有關獲取真話。醫生想了一會，然後跟我說他有個例子可以讓我寫在書裡，原來他有時要替病患做某種特定療程，但在進行療程前病人必須按時服用一種抗凝血的藥物。只要病人忘記服用一次，就不能進行該療程。

醫生說，以前他都會直接問病人有沒有忘記吃藥，但這種問法得到的回答都是：

「沒有，我沒有忘記吃藥。」但醫生當然會懷疑病人怎麼可能都這麼乖，所以後來他不再直接問病人有沒有忘記吃藥，而是用套話技巧探查病人真實的服藥情形。他通常會用貼心話開場，像是「你平常這麼忙」，然後再接一句推定論述「會忘記吃藥很正常」，接著再加碼一句貼心話說：「這樣的事常發生。」

我的醫生跟我說，這種連環套話術通常可以讓病人據實以告。他說比起直接問，運用套話技巧比較不會激起病人的防衛心態，因此能讓他順利得知病人真實的服藥情形。他還跟我說他跟好幾位同事分享了這個成功經驗，他的同事也都打算採用同樣的方法。

在另外一個案例裡，有位醫生覺得某位病患沒有完整告知病情，所以她先說些貼心話來了解該病患的病史，貼心話傳達了很重要的訊息，那就是——「我有在認真聽你說話」。當病人心情變得比較輕鬆，就會很樂意提供更多資訊，因為病患體會到醫生真的有在聽他說話。為了讓病患能透露更多訊息，這名醫生會常常點頭、用「了解」、「請繼續」等詞彙鼓勵對方繼續說。如此一來，這名醫生不只聽到病患訴說身體哪裡不適，也利用貼心話讓病患願意更深入聊自己的身體狀況。這名醫生平時和病患的交談大概就如以下對話：

病患：最近我晚上都睡不好。

醫生：所以你很難睡著。（貼心話基礎句型）

貼心話不只讓病患知道「我有在聽你說話」，同時也鼓勵病患多補充些資訊。當病患覺得醫生有在認真聽自己說話，他們進一步透露更多病情的機率就大大增加，請見以下對話：

病患：我最近常消化不良。

醫生：所以你的胃很不舒服吧！（貼心話基礎句型）

病患：我最近躺在床上想的都是有可能被裁員。真的忍不住一直想，最近景氣很差，裁員勢在必行，想到這我的胃就糾成一團。

醫生說點貼心話就能鼓勵這位病人說出導致他腸胃不適的原因，因此醫生能快速掌握病因並進一步給予更適當的治療。

貼心話也是一項你想用就用，而且超好用的套話工具。套話的時候無論單用貼心話還是搭配其他套話技巧，效果都很好。此外，貼心話還有很多附加的好處，例如讓你生意越來越好、得到或給予更合適的治療、以及建立更良好的人際關係。

第十一章　無知力量大

我真的覺得當你剛認識某人的時候，要表現出單純無知的樣子並抱持希望……。——費歐娜．艾波

I really believe in completely being naïve and having high hopes when meeting someone new……—— Fiona Apple

在美國，偵探／犯罪劇集一直深受各個世代歡迎，曾經有部神劇叫做《神探可倫坡》（Columbo），主角是一名偵探，總是穿著皺巴巴的雨衣、人憨憨的很隨和，看起來很溫和，不像是有辦法解決重大犯罪案件。不過，這都只是外表而已。事實上，可倫坡是很厲害的套話高手，也非常精明，善於利用「鄉巴佬」的外在形象讓對手失去戒心。

可倫坡常用來讓嫌犯據實以告的套話技巧就是「無知戰術」。事實上，在《斡旋之道》（Mediation：Theory and Practice，暫譯）這本書裡就曾描述可倫坡是個「很

會裝傻的偵探」。然而，裝傻不是裝笨。即使是最聰明的人也有不知道的事情，沒有人能什麼都懂，所謂「無知戰術」就是裝出一副因為好奇而虛心請教的套話技巧。

無知戰術通常能有效地讓別人透露資訊，同時掩藏套話者的真實意圖。我們在第三章裡討論過許多人類天性，從某些人類天性可推論出：當我們認定某些人無知，我們反而容易在他們面前暢所欲言。我每次用無知戰術套話，都會很驚訝地發現我不需要花太多力氣，對方就自己爆很多料給我，而且爆出來的往往都是對他們自己不利的真相。當你掌握的資訊不夠你做同理心論述或做推定陳述，那麼無知戰術就可以派上用場。

人是我殺的

有件事情我想先提醒各位：當你真的開始練習套話而且越來越得心應手，你會發現輪流使用不同的套話術、或是一次使出套話綜合技，別人對你說實話的機率會更高，爆的料也會更多。第九章曾討論過如何捧高對方的地位來套話，也描述了我如何用這種技巧讓好幾個在加州犯下仇恨犯罪的光頭黨自己跟我爆料。不過，當時我用來套出關鍵證詞的技巧，其實是無知戰術。

還記得第九章我說過，我跑到一間光頭黨聚集的破房子，想要查清楚這些人的身分、理念以及打聽他們涉案的相關訊息。當時有六個人一起在房子的前廊跟我聊他們信奉的白人至上主義，我注意到他們都有刺青，而我很好奇每個刺青代表的意義。於是我使出無知戰術，但我不是裝無知，而是真的不知道他們身上的刺青圖案是什麼意思。

我問一名成員，他胸膛上大大的納粹黨徽刺青代表什麼，他說這代表白人至上的納粹主義。我點點頭後又問他腹部上兩個8的刺青又是何意，他說英文第八個字母是H，兩個8就代表HH，也就是「希特勒萬歲（Heil Hitler）」的縮寫。他還自己補充說如果看到這種刺青後面加上數字420，那代表希特勒的生日。

接著我問另一名幫派成員，他手臂上一對閃電刺青是什麼意思。他說這種閃電刺青是納粹武裝親衛隊的標誌，然後他還很自豪地告訴我，只有曾經殺掉非白人族群的幫派成員才有資格在二頭肌內側刺上一對閃電，而他殺過一名黑人。

哇嗚！我剛聽到了什麼？這人剛剛自己承認殺了人耶！

不過我也發現這位仁兄絲毫沒有察覺自己剛承認犯下足以判死刑的罪，為了怕他發現，我趕緊繼續問其他人的刺青各有什麼意義。了解其他刺青圖案代表的意義後，我感謝他們的配合，也警告他們別再惹麻煩，然後禮貌道別。

當然，事情並沒有就這樣結束。我運氣很好，跟我談過好幾次話的一位光頭黨成員原來就是在羚羊谷高中用螺絲起子刺殺一名黑人學生的兇手，後來他因此罪被判十二年徒刑。

他入獄服刑大約四個月後，有天他突然打電話給我，說有「非常重要」的事情要告訴我。我到監獄裡跟他談，我一開口就跟他說：「我知道你為什麼打給我，因為你想減刑，所以你打算提供一些消息，不過你提供的消息也不一定是真的。」

他說：「不是的，我在牢裡信了主，我覺得我有必要說出某些事情。」

如果他說的是真話，那我可以理解他打給我的動機，但我還是想知道他為什麼找我而不找其他人，畢竟我是讓他被定罪的主要推手。他說，因為我是唯一給過他尊重的人。他的說法大概是：「我之前就知道你一直想把我送進監獄，但至少你的做法讓我覺得我受到尊重。」接著他開始爆料：他知道有些成員殺害了一位黑人，他描述了案件發生地點及緣由，還說兇手因此在自己手臂上刺一對閃電。

我問他：「兇手有沒有可能是那天在前廊上手臂有閃電刺青的那個人？」

他回答：「沒錯，那人當時也在現場。」

後來經調查發現，一九九五年十一月在某間速食餐廳後方的空地，四名光頭黨成員痛毆一名四十三歲黑人遊民。這四人拿著厚度約五公分、寬度約十公分的木板，朝受害者頭部和臉部重擊十三次。打完以後他們立刻前往一名刺青師住處，直接把人叫醒，要求刺青師立刻幫他們刺青，因為他們剛殺了一個黑人，終於獲得在身上刺閃電的「殊榮」。

這四人後來因為涉嫌謀殺受審，其中兩名被判無期徒刑不得假釋，另一名被判九年徒刑，還有一名成員因為同意作證指控另外三人所以獲得減刑。

羚羊谷裡大約有五十名光頭黨幫派分子，其中有三十九人後來遭到逮捕並被判處不同刑期。審判結束後，剩下的成員鳥獸散，羚羊谷地區終於擺脫黑幫騷擾。我能夠蒐集到足夠證據來起訴這些光頭黨，讓這個城市更安全，靠的就是套話。這次調查經驗也證實：運用一點點無知戰術就有可能讓你聽到很關鍵的實話，若是靠傳統的盤問方式恐怕是聽不到這些實話的。

這樣和主管說話就對了

有一次，我朋友（同時也是另一系所的教授）來我辦公室問我的建議。他寫了一本課本，希望能在他自己的課堂上使用，但他的系主任（也就是他的主管）卻說教授在課堂上用自己寫的著作當教科書，不符合學術倫理。我朋友實在很想直接跟他主管拍桌子，要他主管講清楚大學的授課規範裡哪一條規定教授不可以在課堂上使用自己的著作。但我提醒他，這樣弄得劍拔弩張只會讓情況更糟，我建議他還是試著用套話的方式取得所需的資訊，他一臉懷疑地看著我。

我簡單解釋了「套話」的意思，然後建議他用無知戰術來達成目的。我還提醒他時機很重要，我說：「你要等系主任比較不忙的時候再去找他，人在忙的時候不會有心情處理工作以外的事情，尤其是麻煩的問題。」此外，我也告訴我朋友要懂得營造和諧氛圍，還有走進主管辦公室的時候要記得釋出友好信號，我說：「這樣系主任才知道你不是來找他吵架的。」

我接著說：「你一坐下來就先請教他的意見。有禮貌地跟他說你已經研究過學校關於教科書選用的規範，卻沒有發現任何規定禁止教授在課堂上採用自己著作當教科書。這時你要用很誠懇客氣的態度請他為你解惑。」

我跟我朋友說：這種情況下如果運用無知戰術——也就是裝著一副虛心求教的樣子去徵詢主管意見，主管在心態上會比較願意幫忙；此外，他這時候就必須告訴你到底是哪條選書規定禁止教授在課堂上使用自己的著作。如果是他根本搞錯了（可能沒有這類規定或是他對學校規範有誤解），但因為你是太客氣請教而不是吵架，他比較不會那麼沒面子。也就是說，用套話技巧請主管說明課本選用規範不僅能讓我朋友釐清選書規範，同時也能和主管保持良好關係。

一週後，我朋友帶著大大的笑容來找我。他說根本沒有任何規定禁止教授在課堂上使用自己的著作，他還跟我說我教他的套話術超級好用。事實上，他也打算用這招來解決未來工作上出現的問題。

回扣疑雲

我在FBI工作的時候，有一次被派去調查一名公務員涉嫌從承包商那裡收回扣的案件。有線索顯示嫌犯把政府合約發包給某廠商後，收取了兩萬五千美元的回扣，而且這些錢已經包含在合約金額裡，承包商不須額外支付。

因為我平時的工作是抓間諜，所以我對政府採購案可說是一無所知。在參與調查此案前，我只從一位老實公務員那裡大概了解政府發包的過程。我就帶著這一丁點背景知識，開始訊問嫌犯。不過我知道在他面前不能班門弄斧，也知道直接問他有沒有收回扣是下下策，所以一定又要用套話技巧誘導他說實話。而這次最適合的兵法就是無知戰術。

我直接跟嫌犯坦白我平常的工作是保防，所以不太清楚政府和承包商簽約的法規，但我聽說他對政府外包的程序瞭若指掌，是這方面的專家，因此我很希望他能幫我解釋整個流程。其實我知道我只要這麼說，嫌犯就會一五一十地跟我說明承包程序和規範，因為他一定會想要展現他的確跟我說的一樣專業。

接著他真的一步一步跟我詳細解說政府和承包商簽約的流程，中間他還提到自己因為協商能力卓越而數次獲記功，他解說完後我假裝非常敬佩，對他說：「哇！你真的非常了解整個流程耶，一點細節都沒有遺漏。」

「沒錯，」他很自豪地說：「這也是為什麼他們願意付我這麼高的薪水。」

接著，我從公事包裡拿出那份涉嫌收回扣的合約，放在嫌犯的桌上。我把文件推向他，對他說：「那這份合約你怎麼沒照規定走？」

嫌犯立刻愣住，但被抓包的尷尬沒持續多久，他盡力冷靜辯解：「這份合約不一樣。」

「是不一樣，」我說：「你從這份合約裡拿了兩萬五千元的回扣。」

這一次，我也是運用套話讓嫌犯對我說實話。一旦他跟我鉅細靡遺地解說政府外包的流程，他之後就不能用「不熟悉程序」或「不小心遺漏細節」之類的理由搪塞。

這個故事告訴我們什麼呢？在很多情況裡，面對有可能欺騙你的對象，與其問問題或指控對方做了某事，不如用套話的方式誘導對方對你吐露實情。

無知之術與人性

雖然裝無知是很有效的套話技巧，但使出這招必須付出一點代價——必須暫時放下自尊心（之前的章節曾討論過）。你裝作什麼都不知道的時候，你也等於讓自己看起來低對方一等。畢竟，使出無知戰術就是要表現出自己沒有對方那麼聰明、博學或消息靈通，也許有時候事實的確如此，可是有時候真的只是裝的。但無論如何，刻意讓自己顯得比別人差，是完全違反人類天性的行為。

可是這不代表你不該這麼做！別忘了適時放下自尊，是成為套話高手的重要特質。你使出無知戰術的時候，想想神探可倫坡的故事，再想像自己是個演員，你只是為了達到目的在演戲，你和你演的角色並非同一人。只要你能這麼想，我相信你能夠把無知戰術發揮到淋漓盡致，最終成功探知如果不運用套話技巧可能永遠不會知道的實情。

對上司套話

如果你的套話對象是上司，那狀況就會比較複雜。你如果為了打探資訊跟上位者裝熟，對方很可能會覺得你很奇怪而疏遠你，這不會是你想要的結果。所以，如果要套上位者的話，必須超前部署。首先，你最好先說些好聽的話，讓他們自我感覺良好，以營造和諧氛圍或強化你們之間既有的和諧氛圍，此時無知戰術就是很好的技能選擇，一般來說，上位者都認為自己比部屬厲害，因此更容易為了證實自己真的比較厲害而主動透露更多訊息。而無知戰術正好可以利用這種上對下習以為常的優越感獲取資訊，而且不會威脅到原有的階級關係。

使出無知戰術的同時，你也可以搭配推定陳述，針對某主題做出正確或錯誤的推論。事實上，運用無知戰術的人時常很自然地做出推定陳述。因為無知的人對某主題不夠了解是很正常的事，所以套話的人正好可以利用「無知」（可能是真的，也可能是裝的）來做出知曉更多內幕的人不會做的論述。這種套話組合技利用的正是人類喜歡糾正他人以及有機會就想大展長才的習性。

此外，上位者還很喜歡主導談話。你可以利用這種上位者的習性，一邊重述他所說的話，好讓對方知道你有認真聽，一邊適時講一些貼心話，而貼心話往往又能鼓勵對方再多說一點。毫無疑問地，一個人說得越多，透露的實情或內幕就越多。

因此，如果要套上司的話，最好使出無知戰術、同理心論述（貼心話）、推定陳述這三招的組合技。此技一出，不僅能維護上位者的面子、讓他們覺得備受尊重、有機會展現專業，最重要的是還能讓你獲得想知道的資訊。

第十二章　更多套話戰術

沒有說出來的都可以猜出來，真相不一定來自自白。——穆妮亞・汗
Everything unsaid can be guessed. Truth may not always be confessed. —Munia Khan

本章我會討論更多的套話技巧，方便你未來在探查真相的時候使用。雖然本章裡面的技巧並沒有單獨用專章介紹，但不代表它們比較沒用。事實上，說不定根據你對套話技巧的使用偏好和經驗，你反而會覺得本章某些技巧運用起來比較順手，也可能成為你最常用的戰術。

引述事實

有些話本身就帶有力量，例如「我在網路／報紙／電視新聞上看到的」，所以你套話的時候可以用這類話開頭，就說自己從某個消息來源（報章雜誌、部落格、電視

新聞等）知道了某件事。要記得你講的這件事跟你想套出的資訊必須有些關聯。

例如說，假設你在某製造公司工作，而你想知道競爭對手最近是否因為生產線出問題無法如期完成訂單。此時你就可以找機會接近對手公司的業務，跟他說：「我在網路上看到你們公司因為生產線有問題，導致很多訂單無法如期出貨。」此時對方要嘛肯定你的說法，要嘛受到「人類喜歡糾正他人」的習性驅使而駁斥你的言論。這種說法還有一個好處，就是對方會覺得相關消息已經在外面傳開了，所以就算他跟別人聊這件事也沒什麼大不了。

在此提供一個運用「事實引述」的商場套話實例：提姆手上持有A公司的股票，他想知道最近的季度收益會不會影響股價。如果收益下滑，他就想先賣掉手上的股票避免虧錢，但若收益不錯，他就要在股價上漲之前趕快再多買些A公司的股票。提姆的鄰居剛好在A公司就職，而接下來提姆和他鄰居的對話正好展示如何以「事實引述」套話。

提姆：我上網看到分析師說你們公司的季度收益會受到中國關稅議題影響，預估會減少15%。

鄰居：不意外啊，媒體說的沒一次對的。事實上，我們公司已經打算把製造部門搬回美國，我們的收益應該會因此提高。

提姆：（得到了想要的答案，但此時必須巧妙回應，讓對方無法察覺他在打聽訊息）我相信媒體，那真的是太傻了，網路上講的怎麼能信呢！

認知失調

第三章提過，當一個人心裡同時存在兩個完全相反的想法，就會出現認知失調；此外，當人直接面臨與自我認知或信念完全相反的意見時，也可能會產生認知失調。認知失調會引發焦慮不安，而且一個人的認知失調越嚴重，就越會急著設法紓解心中的焦慮。套話的人如果能成功引發對方的認知失調，使其心裡想法產生衝突，就有機會讓對方在不自覺的情況下透露重要訊息。

我有一次協助審訊伊斯蘭恐怖份子，那次經驗證明引發認知失調是很有效的套話戰術。故事大概是這樣：有一名特別難搞的恐怖份子，堅持不承認自己在人潮擁擠的市場引爆炸彈，於是我受命研究此案並提出意見。後來我請我方審訊員問那名恐怖份子「一個好穆斯林應該具備什麼條件」，恐怖份子馬上背誦出伊斯蘭教的「五善功」：宣告自己的信仰、做禮拜、慈善施捨、要齋戒、一生至少一次到麥加朝聖。讓我很驚訝的是，這人自己還多補充一點：「而且不能傷害無辜的穆斯林，尤其是女人和小孩。」

這位恐怖份子列出一位稱職穆斯林應具備的條件後，審訊員便開始設法使他產生認知失調。他有條不紊地跟對方列舉這次爆炸造成了哪些傷害，特別強調很多穆斯林婦孺在這場爆炸中喪生或受傷。

此時這名恐怖份子只有三個選擇：第一，根據自己之前列出的條件，承認自己並非「好穆斯林」；第二，就算很多穆斯林婦孺喪生或受傷，他還是想辦法合理化自己的行為來證明自己是好穆斯林；第三，就算審訊員推論說他不是個好穆斯林，他也不予理會。後來這名恐怖份子向審訊員解釋為什麼他是個堂堂正正的穆斯林，而就在他自圓其說的過程中，也順便承認了就是他設置並引爆炸彈。

前幾章曾提過的數學家大衛．斯克蘭斯基也談論過認知失調可能引發的後續效應。認知失調會讓當事者產生嚴重的心理失衡，嚴重到不只會讓當事者不自覺透露重要訊息，更驚人的是，有些當事者最後還會承認過去自己心裡無法接受的事實。

斯克蘭斯基分享了他自己的經驗，他說：「很多年前，有個我很喜歡的女生有酗酒問題。其實在我們認識之前，她就有點酗酒的傾向了，但我們在一起後情況似乎都還能控制。不過我們分開一陣子以後，她的酗酒問題就變嚴重了，但她不願承認。她承認自己愛喝酒，但不願承認自己已經喝到失控。她說她想喝就會喝，但要她不喝她也做得到。這個女生其實沒什麼錢，所以我決定用錢來測試她說的是真的還假的，我跟她說：『如果妳不喝酒，我一天給妳一百美元，妳願意接受挑戰嗎？』」

「她以為我在開玩笑，所以她很快回答說：『當然接受啊！這挑戰很容易耶！』」

「我說：『好，那就這麼說定了！』」

「結果她突然哭了，我問她怎麼哭了，她說：『我從沒想過你會這麼做。但我相信你，我相信你是認真要給我這項挑戰，然後獎金也很棒。不過我哭是因為你說要給我獎金的時候，我第一個反應居然是害怕，不是開心。你讓我發現我真的有酗酒的問題。』」

「最後她只撐了兩個禮拜。」

等價交換

等價交換的意思是：你先提供套話對象一些資訊，以鼓勵對方也回報一些資訊給你。舉例來說，你剛認識小明，而你想知道小明在哪工作，與其直接問他「你在哪工作」，不如先告訴他你在哪裡上班。第三章說過人有「禮尚往來」的習性，所以當你先告知對方你在哪裡工作，對方往往也會告訴你他在哪裡工作。這種套話技巧的好處是完全沒有侵略性，不會讓人感覺你想要打聽什麼。

然而，如果你不想先自報工作單位，也不希望對方問你在哪工作，那你可以用比較特殊的方式發問。一般的問法是你問對方：「你在哪工作？」對方回答後通常也會反問你在哪工作。為了避免對方因為「回報」的習性反問你相同的問題，你一開始發問的時候可以換個比較新奇的措辭，例如，在適合開玩笑的輕鬆氛圍下，也許你可以幽默地問對方「你在哪當社畜啊？」這種問法會讓對方花更多腦力去想要怎麼回應你，等他想好答案後很有可能就忘了他原本也該問你同樣的問題。

接下來再舉另一個例子。如果你想要跟某人認真發展一段長久且穩定的關係，你可能會想先了解對方有沒有欠債，畢竟，償還貸款的時間可能很長，說不定會影響到未來結婚生子和買房子等重大人生計畫。但如果你直接問對方身上背負多少貸款（例如學貸），不僅聽起來沒禮貌，對方說不定會撒謊，還可能這段戀情就吹了。因此，想要不著痕跡地打探這種敏感資訊，用等價交換戰術來套話是比較明智的方法，請參考以下對話：

你：我今天想吃簡單一點，因為我這個月手頭有點緊。下禮拜有一筆學貸到期，要還好幾百美元。

對方：我懂，我每個月要還九百元學貸。

你：哇！我以為我要還的錢已經很多了！你一定是選擇能早點還完的方案吧！

對方：還有八年咧！

你：我想我點個沙拉就好了。

對方：我應該會再點個義大利麵。

此時你已經知道對方的財務狀況，接著你就可以判斷你是否還想跟對方發展一段長久的關係。

再試一次

請記住，就算你努力運用本書提供的套話技巧，還是會碰到套話不成功的時刻。原因或許是對方根本不知道你想要的答案，也有可能是對方口風超緊，你再努力都是枉然；當然還有可能是你的技巧運用不當，使對方產生了戒心。但要記得：即使是套話大師，都有可能因為犯錯而無法順利套話。

犯錯就代表一定會失敗嗎？當然不能這麼說。在很多情況裡，特別是在不只一人能提供你想要的資訊的情況裡，第一個對象不成功，你可以隨時換個對象繼續嘗試獲取訊息。以下我再舉一個我自己的例子，說明第一次套話失敗，但換到第二個對象就成功了。

有一次我聽到謠言說，A公司要把很多營運部門從我們家所在的城市搬到南部，以求節稅和降低人力成本。如果這謠言是真的，那不只我會受影響，我的好幾個朋友的房地產也會跌價。

當時我有個鄰居叫菲力普，剛好是A公司的員工。我不太確定他是什麼職位，但我覺得還是可以跟他探聽是否真的要搬遷。幾個星期後，我有個朋友辦了一場派對，邀請我和我太太去玩，而菲力普和他太太也有受邀。在派對上我找了個機會接近菲力普，一開始先跟他話家常，幾分鐘後我才貌似不經意地說：「我聽說你們公司要搬到別州了。」菲力普立刻跟我說這種謠言已經傳了很多年了，但根本沒這回事。我後來又嘗試好幾次，還是無法取得足夠的資訊來判斷謠言的真偽，於是我繼續跟他聊了些無關緊要的事，就結束了這段對話。

即使套話不順利我也不氣餒，我決定想別的辦法。就算菲力普不願多談，但他太太也許會透露些訊息。於是我繼續和派對上其他人聊啊聊，終於看到一個機會，可以自然地接近菲力普的太太。果然，她跟菲力浦不一樣，非常爽朗健談。我一開始先跟她聊天氣，然後把話題轉向前一年我們這個城市氣候異常的冷，她也說她很討厭寒冷的天氣，但她很高興，因為明年起就不用再擔心冬天太冷的問題了。我點頭回應的時候，她自己很興奮地補充說她真的很感恩有機會搬到溫暖的南部。聽到這裡，我趕緊換個話題聊她的花園最近整理得如何了，她又非常熱情地跟我分享她花園裡的植栽長得非常好。聽到了我想知道的答案後，我實在很想跟她說其實她已經送我一份大禮了，但我當然沒有說出口，我只是很客氣地繼續聊些別的話題。這一次，我讓菲力普的太太有機會抱怨冬天太冷，所以我取得了有關A公司要搬遷的重要訊息。

懷疑之術

人被懷疑的時候，常會覺得自己的說服力不夠，因此會急著想多補充一些資訊來說服對方自己說的是真的，而這些補充的資訊常會包含敏感訊息。從接下來這段對話可以看出一位父親如何用懷疑戰術，讓自己的兒子承認在校成績不理想。

爸爸：最近在學校成績如何？

兒子：很好啊，我這學期表現很好耶！

爸爸：很好嗎？嗯……（語調稍微升高，表示懷疑）

兒子：欸……大部分科目表現很好啦！

爸爸：那我們來聊一下你表現不好的科目。

兒子：數學真的很難，我們現在在學代數。

爸爸：我的代數很強喔！要不然以後我們每天晚上花一小時左右來討論你的數學

作業怎麼樣？

兒子：好啊！謝啦！

我在執法期間常使用懷疑戰術來套話。有次我負責訊問一個闖入眼鏡行的小偷，這人為了不觸發警報系統，居然不破壞門窗，而是直接把牆砸出一個大洞入內行竊，偷走價值共約三萬美元的名牌鏡框。嫌犯堅稱自己獨自犯案，也就是說，他靠一己之力在磚牆上砸出一個大洞。各位可以從接下來這段訊問對話看到我如何運用懷疑戰術誘導嫌犯洩露關鍵訊息。

我：牆上那個洞應該需要好幾個人才能砸穿吧！

小偷：沒有，只有我而已。

我：拜託，你自己鑿不出那個洞的，光是要把所有工具拖進店裡就需要不只一人了。（懷疑戰術）

小偷：那些工具又不重，我們每個人搬一點，一次就搬完了。

我：你知道你剛說了什麼嗎？

小偷：蛤？

我：你說「我們每個人……」代表你有幫手啊！

小偷：喔……

我：老實招了吧！

小偷：是我哥還有他朋友他們啦……他們都在。

組合拳：懷疑戰術＋推定陳述＋事實引述

有一次我跟我太太想利用週末去度假，孩子都上高中了，我們相信他們自己待在家幾天也沒問題，雖說在度假期間我們還是難免有些擔心。結果我們回家後發現，家裡打掃得一塵不染——這是第一個線索，讓我們覺得情況不單純，畢竟家裡從來沒這麼乾淨過，就連我們叫孩子打掃的時候，他們也沒把房子整理得這麼乾淨。

那天晚餐的時候，我貌似不經意地提到有個鄰居說上週末我們家派對太失控，吵到他們受不了只好報警（事實引述）。

大女兒馬上忍不住插嘴：「沒有警察來啊！」

我回應說：「所以派對沒有玩太瘋囉！（推定陳述）」

這時女兒才突然發現她剛不小心承認在家偷辦派對，支支吾吾了幾秒鐘後才勉強說出：「我們是有請幾個朋友來玩啦……」

我給她一個懷疑的眼神，問說：「是喔，只有幾個朋友？（懷疑戰術）」

女兒才又解釋說，有一堆不速之客跟著那幾個朋友一起出現。

我繼續說：「派對一定玩很瘋吧，家裡髒到妳們只好來個大掃除，我還從來沒看過家裡這麼乾淨。（推定陳述）」

最後我女兒終於承認：「對啦……很多人來開趴，也玩很瘋。」

我女兒趁我和我太太不在時偷辦派對，這件事讓我們很失望，後來過了很長一段時間她才重新獲得我們對她的信任。

幾天後，我跟一個同事聊到我女兒偷辦派對這件事，以及我如何在還不確定有沒有辦派對的情況下，運用套話技巧獲悉真相。我同事聽完就笑了，他說他也有類似的經驗，當時他沒想太多就使用了類似的套話技巧，只是他不曉得原來這些技巧還有正式的名稱。

他家的情況是，他回家後發現家裡超級乾淨，可是他又發現地毯上有一塊黏黏的地方，於是他倒退幾步又多踩了那塊黏黏的地方幾下，他說當時他兒子的表情看起來很擔心，但他還是一邊踩一邊說：「有人在這裡翻倒飲料，一定是在你辦的派對上弄的吧！（推定陳述）」結果他兒子立刻承認自己邀了一些朋友過來玩，但後來玩太嗨了。我同事說他很開心有跟我聊到這經驗，現在他知道他用的方法叫什麼了。

「難以置信」之術

其實，你聆聽的時候，只要拿出難以置信的反應，就足以讓說話的人忍不住再多補充一些資訊，想說服你。如果你套話的時候跟對方說「你在開玩笑吧……真的嗎？」或「這不可能是真的吧」，這種反應通常會刺激對方多補充一些資訊來捍衛他剛剛所說的話，同時對方很容易無意間透露重要訊息。

回聲之術

回聲術這個技巧，也是用來鼓勵你的套話對象再多透露一點資訊。這招很簡單，基本上就是在你的套話對象說話停頓、或需要一點鼓勵才能繼續講下去的時候，你重複一下對方剛剛最後說的幾個字。接下來的範例是一位獵頭專家和某公司一名員工的談話；談話中，獵頭人員想勸誘該公司的一些員工跳槽到新公司。獵頭專家如果能掌握這家公司的現狀，就可能吸引內部員工跳槽。

員工：在現在這家公司上班，真的很累。
獵才：你一定碰到很大的挑戰吧！（推定陳述）
員工：公司對員工的待遇很不合裡。
獵才：嗯，很不合理。（回聲術）
員工：沒錯，他們沒有支付員工應得的薪資。
獵才：這一定讓你很生氣。（推定陳述）
員工：是啊，而且公司還越來越過分。
獵才：聽你這麼說我也很替你難過。（同理心論述）
員工：這一切都是那個新的財務長帶進來的，那傢伙真的是錙銖必較，老是想辦法苛扣我們的錢。

獵才：狀況聽起來真的很糟。（同理心論述）

員工：說了都怕你不相信，你知道嗎，我們表訂有一小時的午餐時間，但實際上我們連半小時午休的時間都沒有，有些休息時段也都被減少了，但最糟糕的是加班，照理說加班費應該是平常薪資的一點五倍，但最後連半毛錢都拿不到，我們都說這根本是在做功德的。

獵才：真是在做功德的。（回聲術）

員工：這樣真的每天起床後都不想上班！

雖然這只是一名員工的心聲，但他抱怨的是公司制度上的問題，代表該公司其他員工也可能有同樣的心聲。掌握了這樣的資訊，獵才人員就可以設計一套招募策略，直接訴求該公司其他不滿員工內心的渴望。

錯誤的技能歸屬

假設你故意裝作不經意地說到，老人家應該都很熟悉使用IG、Snapchat等的社群媒體。這就叫做「錯誤的技能歸屬」，把這些技能歸屬到通常不具備這些能力的族群身上。當你採用「錯誤的技能歸屬」技巧，通常可以刺激對話的另一方出來糾正你，而在糾正你的過程中，對方很有可能會透露一些平時不會隨便和陌生人提到的資訊。

話說一半之術

人說話的時候，常常會講到一半就停下來了，如果你想知道原因，你可以把對方剛講到一半的話重複一次（回聲術），然後等待對方回應。但如果你是發話的人，那麼把話說到一半，往往會激起對方的好奇心，刺激對方幫忙把你沒講完的句子或想法講完，因此「話說一半」也可以成為一種套話技巧。

「話說一半」的技巧用來對付外向型的套話對象最有效，因為外向的人很愛幫別人把話講完。我常用這招讓面談的對象主動透露重要訊息。例如我會說：「你那個最好的朋友叫什麼名字，他的名字是……呃……呃……」如果對方個性屬於外向型，那他聽到這裡一定會自動幫你把名字補上，也就是說對方可能會主動告訴你你原本不知道的資訊。交情深厚的朋友之間常常會分享私密的資訊，所以當你知道套話對象最好的朋友是誰，也許你未來可以透過這位好朋友來印證你的套話對象說的話是真還是假。

把握機會練習套話技巧

下次你有機會外出，不妨花一兩分鐘練習套話技巧。幾乎任何與他人交流的場合，都可以成為你練習套話的機會。一開始你可以先試著套出別人生日這種小小的個資，步驟大概是這樣：跟別人談話時想辦法不著痕跡地把話題導向年紀，成功把話題導向年紀後就可以開始使用套話戰術，在套話過程中你可以隨時改變或增加其他套話技巧，直到你得知對方的生日。然而，如果你感受到對方不願意透露生日，那就要立刻停止套話，然後再聊點別的無關緊要的話題結束這回合。切記，套話就是要讓對方根本感覺不到自己被套話。

剛開始練習的時候，記得找比較有可能跟你說話的人，例如店員，這樣比較容易成功。像珠寶店就是問生日的好地方，因為每個月份都有對應的誕生石，這可以用來把對話引導至店員的生日月份，請參考以下對話：

你：我在找要送女朋友的禮物。（閒聊）

店員：您有特別想找什麼嗎？

你：我想買鑲有她的誕生石的飾品，她是四月生的，但我不知道四月的誕生石是什麼。（引導話題）

店員：四月是鑽石。

你：妳馬上就知道答案了耶，妳也是四月生的吧！（推定陳述）

店員：不是耶，我是三月生的。

你：哇，我也是三月生的，三月二十號。（等價交換）

店員：我的生日是三號。

你：妳看起來比我年輕很多，妳的大概不到二十一歲吧。（範圍設定）

店員：我二十二了。

你：我幾個月前才剛認識我女朋友，我覺得現在就買鑽石給她不太合適，我得想想送她什麼別的才好，謝謝妳的幫忙。（閒聊）

店員：好的，再見。

看起來很簡單吧！用不到三分鐘再加上一點點減法，你就知道店員的出生年月日，而對方還渾然不覺她已經透露了可能會讓她的身份被盜的資訊。

下次你排隊等結帳的時候，嘗試打探一下前面那位先生或小姐的結婚紀念日。這會比較難，因為輪到他結帳之前，你大概只有兩、三分鐘的時間。此時找話題最好的方法是先快速掃過對方購物籃裡的物品。我還記得我第一次利用排隊時間套話時，看到前面太太的購物籃裡有三種尺寸的尿布，這代表她有三個年幼的孩子。因為我自己也有孩子，我非常清楚要撫養三個小小孩有多辛苦。所以我就用我跟她的共通點來開啟對話，大概如下所述：

我：妳的孩子一定讓你從早忙到晚吧！（我指著她籃裡那幾包尿布）

前面那位太太：一點都沒錯。

我：妳的年紀看起來不像有三個孩子（引導話題），妳一定十九歲就結婚了吧（推定陳述）！

太太：謝謝你說我年輕，但我是在二十三歲結婚的。

我：一定是六月新娘吧！大多數人都喜歡在六月結婚。（推定陳述）

太太：不是，我在二月結婚的。

我：二月，那就是在情人節囉！（推定陳述）

太太：不是耶，是在二月十號結婚的。

就這樣，整個套話過程不到一分鐘，你就可能得到你想要的資訊。你練習越勤，你的取話技巧就會越成熟，你就越能一步步邁向取話高手的境界。成功套話幾次以後，你對於本書提供的取話技法就會更有自信，同時也會發現哪些技巧用起來最得心應手。

現在你的取話技法工具箱已經裝備完成，隨時都有各種工具供你選用。你可以先根據自己的個性，選擇一到兩種技巧來練習，等到很熟練後，再開始練習其他技巧。記得不但要逐一把這些技巧練好練滿，還要練到你使用起來覺得非常自然。你很快就會知道哪些技巧最適合你，還有哪些情境底下適合使用哪些戰術。你和取話高手之間，只剩「練習」二個字了！

接下來的章節會討論不同的人格類型，告訴你如何為不同類型的對象設計套話的策略，還提供了一些練習題讓你可以開始磨練新學到的技巧。

第十三章 知己知彼，百戰百勝

告訴我你都在關注什麼，我就可以描述你是個什麼樣的人。——何塞・奧特嘉・伊・加塞特

Tell me what you pay attention to and I will tell you who you are.——José Ortega y Gasset

這章要談的是根據套話對象的「人格類型」，來決定你要採取什麼策略，以便順利從他口中取得資訊。其實若要詳細探討人的個性類型，以及每種類型會如何影響人的認知和行為，那大概寫也寫不完。不過確定的是，你越了解一個人的個性，你就越容易利用套話技巧讓他說出實話。

接下來我會說明不同的個性如何深刻影響人的行為，以及如何透過了解他人個性類型，來提高套話成功率。首先我會詳述每種人格類型，接著再告訴你如何運用這些資訊，讓套話事半功倍。

我曾經是FBI國家安全部門的人類行為分析專家，常須要評估某些目標對象是否

可以加以吸收過來當美國的間諜。可是我不能直接跟這些目標對象談話，所以無法直接判斷他們的人格類型，因此這樣的任務之難，自然不在話下。我必須靠遠距側寫來評估他們的人格類型；而遠距側寫就是在目標對象不知情的情況下，從遠處觀察他們，來判斷他們的個性。事實證明，通常根據目標對象的行為，我就能整理出非常準確的人格側寫。

若你和某人初次會面之前就已經知道他的個性，那你就能依據他的個性，為他量身訂做一套溝通策略。了解對方的人格類型後，你會知道他喜歡什麼、他的世界觀、他通常如何做選擇或做決定，接著你就可以用他偏好的溝通方式與其交流。遠距側寫不僅有助於招募間諜，在平常社交和做生意的情境下也都可以用到，特別是當你想知道別人真正的想法或是想順利談成一筆生意，遠距側寫也能有很大的助益。

邁爾斯—布里格斯性格分類指標（Myers-Briggs Type Indicator，以下簡稱MBTI）就是加速遠距側寫的好幫手。MBTI的理論基礎是由心理學家榮格（Carl Jung）提出，他主張人類行為並非隨機產生，每個人的行為都有一套特定的模式。他這套理論最先是發表在學術期刊上，但沒人看得懂，到了二次大戰期間，伊莎貝爾．布里格斯．邁爾斯（Isabel Briggs Myers）和她母親凱薩琳．布里格斯（Katharine

Cook Briggs）根據最新的研究數據，重整並修改榮格的理論，並以一般人能懂的語言發表，最後的研究成果就是今日常被簡稱為MBTI的人格測驗工具。目前已有數百項研究測試了MBTI的準確性，最後都證實此分類指標非常值得參考，而每年都有數百萬人做MBTI的測驗。

MBTI把人格類型可以從四大層面分析，而每個層面都有兩個完全相反的性格。第一組是外向型（代號E）和內向型（代號I）；第二組是實感型（S）和直覺型（N）；第三組是思考型（T）和情感型（F）；第四組是判斷型（J）和感知型（P）。MBTI不是用來測試智商或能力，也不是用來鐵口直斷受試者一定具備何種人格特質。MBTI的重點是看受試者在這四大層面中各偏好哪種類型，有些人的行為可能同時具有兩種相反的特質，例如同時具有思考型和情感型的特質，但重點是要看測試者「偏好」哪種類型。

做完MBTI後會得到四個英文字母組成的一串代號（例如ENTP），代表受測者在每個層面偏好的類型。用這種方式可以把人分成十六種人格類型，各類型沒有優劣之分，測試完得到的四個字母只是顯示受測者的偏好。附錄A簡單描述了這十六種類行，供各位參考。想進一步研究的話可以參考布里格斯的開創性著作《天生與眾不同》（Gifts Differing暫名，遠流公司二〇二三年出版），其中對十六種人格類型有更詳細的解說。

外向型 vs. 內向型

請想想，做什麼事情會讓你比較開心、比較有幹勁？如果跟別人交流或參加各種活動會讓你充滿活力，那你就是外向型；若你比較喜歡自己思考、檢視內心的回憶和感受，那你就屬於內向型。據估計，美國有超過七成的人是外向型，百分之二十五是內向型。

進一步探討外向型與內向型

外向型的人喜歡跟別人互動，也喜歡同時處理很多事情；待人處事比較隨興，說話的時候不會考慮太多；喜歡談論各種話題，但不會聊得很深入；熱衷參與各種活動，一個接著一個停不下來；說話的時候嘴巴動得比大腦快，所以說出來的話不一定能表達心裡真的想表達的意思；願意讓他人深入認識自己，平時交遊廣闊，但大多交情不深；容易急著幫別人把話說完，也很容易倉促下決定。

內向型不喜歡和他人交流，比較喜歡和自己對話；不會一次處理很多事情，但會用更多心思處理每件事情；喜歡聊的話題不多，但對喜歡聊的話題會有比較深入的了解；做事情比較仔細，會先考慮各種行動可能產生的後果；說話前會先過腦，所以說出來的意思往往就是真正要表達的意思；除非跟談話的對象夠熟，否則不會輕易分享私事；結交的朋友不多，但交情通常比較深，人際關係也較長久穩定；很少匆促下決定，需要多一點時間把事情考慮清楚，可能要花一整個晚上甚至更久才能做決定。

派對結束後是精神百倍還是心很累？

外向型藉由與別人交流來幫自己充電，但內向型如果跟他人交流太久，就會有電力迅速喪失的感覺。因此，如果外向型和內向型同時出現在派對上，你會看到外向型越晚越嗨，而內向型則是越來越無精打采，就像車熄火後駕駛忘了關車燈，結果電池的電力逐漸消失。內向型必須回到家自己獨處喘口氣後才能充電，外向型則是離開派對的時候絕對比剛來的時候還要有精神。

針對外向型的基本套話對策

外向型常急著幫別人把話講完，有這種行為特質就很適合用「話說一半」之術來套話。只要你話講到一半打住，外向型人的就會想把話接過去講，然後就很容易透露一些有趣的訊息給你。既然外向型喜歡講話，你就讓他們講個夠。談話的時候只要有冷場，外向型往往會主動幫忙暖場；他們很容易劈哩啪啦講一大堆話，然後希望聽的人能自己過濾出重要訊息。以上這些特質都讓外向型很容易被套話，如果你仔細去聽他們劈哩啪啦講的一大堆話，通常能挖到些關鍵訊息。

為了要鼓勵外向型多說一點，你可以運用一些鼓勵信號，包括點頭、或是「嗯哼」、「了解」、「請繼續說」等鼓勵對方說下去的詞彙。外向型很難藏住自己的想法，你可以看出他們做決定之前的心路歷程。如果你要賣東西給外向型的人，知道他們做決定之前的心路歷程能夠讓你更清楚該用什麼行銷策略增加成交機率，你甚至有可能引導他們的思考方向來影響他們的最終決定。還有，外向型喜歡談論各式各樣的話題，所以跟他們談話時記得多準備一些話題讓談話可以持續下去。外向型通常想到什麼就做什麼，想到什麼就說什麼，做決定前也不太考慮後果，因此很容易不小心說漏嘴，而且通常不會察覺說漏嘴可能招致的後果。

我本身就屬於外向型，很容易倉促做決定。有一次我要買一台新筆電，我跑到店裡看到一台好像還可以的就買了。結果回到家才發現買錯了，所有的介面都不對，只好回到店裡買另一台。這一切只因為我做決定前沒想清楚。

針對外向者的推薦套話戰術

推定陳述
無知戰術
話說一半之術
難以置信之術
好奇心之術

針對內向型的基本套話對策

內向型在說話前會先思考，對話中會提問，然後認真聽對方回答。內向型通常一次只處理一個議題或談論一種想法，你跟他們溝通的時候要記得給他們多點時間思考你說的話，不管你有多急著想幫他們把話說完，一定要忍住——尤其如果你是外向型，更要忍住！如果你搶著說話，就會壓縮到對方說話的時間，有可能因此錯失重要訊息。要知道，外向型通常會不假思索講一堆話，而且會一直講，所以內向型在談話中會比較吃虧，沒有足夠的時間思考如何回應，更不用說把想法大聲表達出來了。

有個教人格側寫的專家曾跟我說：「如果你跟我一樣是外向型，你跟內向型講話時，記得問完一個問題要先停下來，在心裡數到三。這樣的話，你會對你聽到的回答感到很驚訝。」切記：內向型需要多一點時間消化接收到的資訊，才能好好回應你。

針對內向者的推薦套話戰術

等價交換（先提供某些資訊以鼓勵對方回饋其他訊息）

回聲之術（重複對方說的最後幾個字）
好奇心之術
事實引述
地位捧高或貶低
範圍推定

以內向攻內向

在前面的章節我描述過FBI如何藉由套話，逮到試圖把匿蹤科技的機密賣給外國情報單位的工程師約翰·查爾頓。但我沒提到的是，當時真的多虧了人格側寫，才讓查爾頓最終被逮捕和定罪。

FBI一開始懷疑查爾頓的時候，就展開臥底行動開始跟監他。為了提高跟監行動的成功率，FBI利用第三方資訊和遠端觀察，進行查爾頓的人格側寫。

查爾頓與他母親同住，無論是工作上還是私生活都沒什麼朋友。他上班的時候很少與人互動，都是獨自在辦公桌前非常認真地完成任務。開會的時候很少發言，但只要他開口，必定言之有物。當他需要做決定的時候，他一定會先仔細衡量所有選項的利弊才做決定。

綜合以上所有資訊，我推測查爾頓屬於內向型。因此，我在挑臥底人選時，特別選了一位也是內向型的探員來和查爾頓接觸。我這麼做是因為人通常會喜歡跟自己同類型的人，而且這麼做也可以盡量避免另一種糟糕的情況──內向型和外向型初次認識時很容易互相討厭。在內向型眼裡，外向型往往都是自以為了不起的討厭鬼，以為自己什麼都懂、自我感覺過於良好、還咄咄逼人；相反地，在外向型眼裡，內向型通常都是沉默寡言且不太友善的宅男腐女。這種容易互相討厭的傾向，跟雙方實際的言行舉止無關，純粹因為個性不合所以互斥。因此我才派一位內向型的探員去接觸查爾頓，降低行動失敗的風險。

這位臥底探員扮作法國政府的運輸領域專家，他和查爾頓碰面後很快就營造出和諧氛圍。事實上，在查爾頓被逮捕後的幾次訊問中，查爾頓有好幾次都說到他其實很喜歡那位臥底探員，因為他覺得他們有很多共通點。他們的確有個共通點，就是兩人都屬於內向型。

只要有機會，套話者都應該盡可能了解套話對象的個性再進行套話。一旦你知道對方的個性，你就可以量身訂做套話策略來提高對方說實話的機率。

不過很多時候我們缺乏足夠的資料，無法得知對方在MBTI四大層面中分別屬於何種類型。第一次碰面的時候，因為我們跟對方不熟，所以很難判斷其人格類型。認識一個人越久，你才能看到對方越多人格特質。然而，在MBTI四大層面中最容易判斷的應該是外向型和內向型，只要觀察一個人的外在行為就足以判斷，而知道某人屬於外向型還是內向型能讓你擬訂更好的溝通策略以及選擇更有效的套話戰術。只要經過練習，未來自然就能判斷一個人是外向型還是內向型。

假如你只能辨識出少數幾種MBTI人格類型，不妨參考我列出的基本溝通策略和推薦套話戰術。然而請切記：我是根據每個人格類型的廣義描述來推薦特定套話技巧，但每個人都是獨特的個體，如果我推薦的戰術沒有效，就試試別招吧！沒有哪個套話技能適用於所有情況，但對任何情況而言，都至少有一項適用的套話戰術。

實感型 vs. 直覺型

請想想，你比較喜歡用什麼方式接收資訊？如果你喜歡透過五感接收外界訊息、對細節觀察入微、習慣凡事根據現實考量，那麼你就是實感型。不過如果你看事情往往不重細節而重全貌、能看出不同事情之間的關聯、能看到新的可能性，那你就屬於直覺型。

進一步探討實感型與直覺型

實感型比較注重眼前事實和特定細節，容易忽略事情的全貌或長遠的影響（見樹不見林）。實感型習慣線性思考，喜歡熟悉的事物，處世之道講求活在當下、腳踏實地。執行任務的時候他們會希望收到清楚的指示；喜歡從過去的成功經驗找方法解決當下的問題；做事情喜歡按部就班，一旦擬定計畫就不希望中途改變；不太容易接受新觀念新想法，除非新觀念新想法真的有實際的用途。

直覺型注重事情的全貌或長遠的發展；喜歡找出事物之間的關聯，體會別人說的話的言外之意，找出事物隱藏的意涵。直覺型往往見林不見樹，喜歡跳躍性思考，時常可以看出表面上無關聯的事物之間的關係。不過他們的想法也常被認為不切實際、過於天馬行空。直覺型喜歡創造發明；做決定的時候常仰賴直覺，喜歡找新方法來解決問題，而不是靠過去的經驗，也就是說他們喜歡用充滿創意的方式做事情和解決問題。

針對實感型的基本套話對策

實感型喜歡線性思考，所以跟他們說話要有條有理、事情一件一件按順序講清楚。實感型講話通常很直白，而且會用事實和細節來支持自己的論述，知道幾分事實就講幾分話，論述清晰精確。如果你的套話對象是實感型，他們說話的時候一定要特別認真聽，因為他們會把很多事情非常有條理地交代清楚。當實感型下達指示的時候，會提出一連串按部就班的指令。因為實感型談話的時候需要很清楚的話題，所以最好要事先準備好你要說的事情和例證。實感型提供資訊的時候也是一步一步來，而且很重視事物有沒有實際用途。跟實感型溝通的時候可以談過去的實際經驗，記得用事實和證據來支持你的論述；要尊重他們的經驗，也要有耐心聽他們把話一件一件講完，不要跳過重要的細節或步驟。你如果要舉例給實感型的人聽，記得與現實生活相關的例子，你談實際經驗或是某事物的實際用途比較能引起實感型的興趣。要盡量用很具體的論述，說的話要有實質意義，不要用抽象模糊的文字，也不要突然改變話題，實感型習慣一次討論一件事情。

針對實感型的推薦套話戰術

推定陳述
範圍推定
事實引述
無知之術
地位捧高或貶低

針對直覺型的基本套話對策

跟直覺型談話的時候，可以利用新奇的想法或理論引起對方的好奇心，激發對方的想像力，焦點放在未來而非當下。太多具體的數據或細節只會讓直覺型感到無聊或是難以消化，試著聚焦事物的全貌或長遠的發展；千萬不要試圖說服他們做某件事只因為「大家都這麼做」或「這是傳統」。直覺型喜歡用很多比喻、類比或委婉說辭來描述事情，而非列舉實際發生的例子；他們喜歡挑戰既有觀念、喜歡談論可能性——什麼事情可能發生、什麼事情一定會發生、這些事情背後又有什麼意涵。也就是說，他們喜歡談論未來，喜歡談論理論上可能發生的事情或假設的情況。直覺型喜歡新奇的想法，喜歡思考各種選項的利弊，但不要逼他們關注太多細節。

針對直覺型的推薦套話戰術

推定陳述
難以置信之術（有時他說的話，真的會讓你難以置信）
好奇心之術
同理心論述
懷疑之術

思考型 vs. 情感型

現在再想想：你都怎麼做決定？如果你通常會客觀評估事實、分析事情的利弊、運用邏輯來判斷不同選擇和行動可能產生的結果，那麼你就屬於思考型。但如果你做決定前會考慮其他人的想法、確認與該決策相關的人都已經表達意見、會顧及所有人的心情希望大家都開心，那你就屬於情感型。

進一步探討思考型與情感型

思考型的人習慣用客觀的角度分析事情、衡量利弊，即使身為局內人還是能如旁觀者般理性分析局勢。不過，思考型跟他人互動時會碰到比較多困難，因為比起他人的感受，他們更在乎事實，所以即使真相會讓人不舒服，他們還是會直說。他們希望每個人都能用邏輯思考，時常忽略別人的情緒感受；他們很自豪自己能跳脫局勢做出公平客觀的分析；他們做事情一板一眼，容易把單一標準套用到所有人身上。思考型常常很驚訝自己又不小心得罪人；他們說話的時候時常會用到「認為」這個詞彙。

情感型喜歡取悅他人，因為希望被所有人喜歡，所以會特別注意他人的心情和需求，也會盡力幫助別人，甚至常常忘了照顧自己的需求。情感型常常急著幫別人解決問題，結果弄得別人的問題好像變成自己的問題一樣；情感型通常有顆玻璃心，跟思考型比起來比較容易受傷，也更常受傷。相較於思考型認為實話就要實說，情感型則認為說善意的謊言沒關係，只要能避免傷害別人就好。情感型會盡量避免不愉快的話題，如果非得針對不愉快的話題發表意見，他們也會顧左右而言他，或講些半真半假的話以避免讓別人或自己尷尬。情感型比較在乎大家相處是否愉快，有時會想辦法為某些人開脫，或把某些情況說得沒那麼嚴重，即使不遵守規定或不按照標準做事也無妨。此外，他們講話的時候常會用到「感覺」這個詞彙。

針對思考型的基本套話對策

如果你的套話對象是思考型，就要以理性分析的方式跟他們說話，要認同他們對規範和例行常規的重視。思考型會先分析利弊後才做決定或解決問題，他們處世之道是「非黑即白，涇渭分明」，也很擅長找出邏輯矛盾之處。思考型是根據邏輯和理性來做決定，做事情也是有條有理，常常忽略心情感受。因此，你套話的時候要想清楚你說的內容前因後果是否交代完整，可以多聚焦於事情的結果，不要問對方有什麼感受，要問對方有什麼想法。此外，思考型注重公平，所以才會認為某些標準應該適用於所有人身上，你在套話的時候也可以試著利用這點。

針對思考型的推薦套話戰術

範圍推定

利用對方容易大吐苦水的本能

難以置信之術（有時候對方說的話，真的難以置信）

事實引述

好奇心之術

針對情感型的基本套話對策

情感型富有同情心，都是暖型男女，而且說話很有說服力。你在套話的時候可以試著找出兩人對某議題的共識，邀請對方多發言、交換意見，肯定他們的努力和貢獻，認同他們重視他人的感受，而且可以聊一些眾人關心的議題。情感型很重視「大家的利益」，所以如果你提議的作法有違多數人的利益，那麼情感型通常不會認同。記得和情感型互動的時候要保持微笑和適時的眼神接觸，讓自己看起來親切貼心。

針對感情型的推薦套話戰術

第三方觀點
同理心論述
推定陳述
無知之術
懷疑之術

判斷型 vs. 感知型

現在問自己最後一個問題：你的處世之道是什麼？如果你習慣凡事都要先計畫好、做事井然有序、嚴格遵守既定計畫或行程、喜歡完全掌控自己的生活，那你就屬於判斷型；但如果你做事情比較有彈性、喜歡過隨心所欲的生活、努力追求各種人生體驗，那你就是感知型。

進一步探討判斷型與感知型

判斷型喜歡事情有規劃、有組織，而且喜歡把事情完成的感覺；他們習慣遵守規則，喜歡做計畫，而且做了計劃就會想乖乖按照計畫走，如果事情沒辦法按計畫進行就會很焦慮。判斷型通常很尊重上位者或制度，會想知道自己在社會上或工作上的階級處在那個位置。判斷型喜歡一切都在掌控之中的感覺，事情不順利的時候他們會很不耐煩，時常會忍不住插手幫忙或乾脆把事情接過來自己做。判斷型很有時間觀念、很少遲到；他們通常會非常謹慎地規劃自己的生活，因此認為一定要重視時間觀念才能按計畫把事情完成。判斷型做事很精確，很有職業道德，各種任務都會努力在截止日期前完成，而且迫切希望自己一直都很有效率、很有貢獻。他們喜歡有實用價值的事物和完成任務的成就感。此外，他們的每樣東西都有該待的地方，而且一定要待在那個地方。

感知型做事情比較隨心所欲，也比較有彈性，對新計畫新選擇都抱持開放的態度。不過也因為他們不斷尋求新想法或新建議，所以很難做決定；如果被逼著迅速做決定，他們通常會很焦慮。感知型崇尚自由，不喜歡受到規則束縛，喜歡想到什麼做什麼、想到什麼說什麼；在他們眼裡，截止日期只是參考用，拖延是常見，喜歡把工作拖到最後一刻才開始做；在工作或參加活動的時候，他們重視的是過程開不開心，對結果反而沒那麼在意。

感知型的反抗性很強，時常質疑上位者的決定，但同時他們卻也不介意別人幫它們做決定。他們做事情時常先斬後奏再求原諒；很有自己的主張，但是看事情不那麼涇渭分明，認同模糊地帶的存在。他們對於自己該做的事情比較沒有責任感，也不認為自己需對他人負責。

針對判斷型的基本套話對策

你在跟判斷型溝通的時候，記得說話要有條理、談話要有效率，不要浪費他們的時間。因為判斷型的人通常能很快做決定，所以你說話的時候可以清楚點出你的目的或時間安排，鼓勵他們趕快下結論。想要從判斷型的嘴裡套話需要很有效率的溝通，措辭和說話內容要具體明確。判斷型喜歡事情有條有理而且希望他人也都能守時；不喜歡沒有明確結論的談話，而且會希望在談話前自己能先掌握相關資料。如果有可能的話，套話者最好在談話之前先提供一些資訊給判斷型的套話對象。

針對判斷型的推薦套話戰術

推定陳述
等價交換
事實引述
回聲之術（重複對方說的最後幾個字）

難以置信之術

針對感知型的基本套話對策

跟感知型溝通的時候，要有心理準備對方會問很多問題，還有不要逼對方很快做決定；記得準備一些選項讓對方選。因為感知型談話做事都比較隨心所欲，而且他們不介意在沒有準備的情況下被問問題，所以你就算問的問題比較直接也不太會引起他們的戒心，而且當你給他們一些選項時，他們也會回饋一些選項給你，在這個過程中往往會透露某些訊息。如果你的套話對象是感知型，那套話過程可能會很有趣，因為感知型的人通常很愛玩也很愛說笑。

針對感知型的推薦套話戰術

難以置信之術

回聲之術

好奇心之術

地位捧高或貶低

範圍推定

3

你能從他人口中取得實話嗎

檢驗自己的技能

第十四章 如何通過「反套話」挑戰

你可以從偉大事件和偉大人物身上學到重要的東西。但你如果要發揮真正的潛能，你必須敢於挑戰加諸自己身上的限制。——羅伊．班尼特

You learn something valuable from all of the significant events and people, but you never touch your true potential until you challenge yourself to go beyond imposed limitations.——Roy T. Bennett Gasset

人類歷史發展至今，仍舊很少人了解套話是怎麼回事，也沒什麼人知道如何運用套話輕輕鬆鬆、不著痕跡地讓別人說出實話。部份原因在於，套話是新發展出來的學問；此外，目前以套話為主題的研究還非常少。所以，這讓讀完本書的你，在套取實話的時候有絕對優勢，因為現在還很少人懂這些東西，所以他們拿不出任何的反制措施來抵擋你的套話攻勢。就算你的套話對象也學過套話技巧，對方還是很難克服對你說實話的衝動。即使我們大腦天生有偵測、削弱甚至抵擋他人探聽企圖的防衛功能，但套話戰術就像匿蹤戰鬥機一樣，可以無聲無息地侵入他人的心理防線。

但這又讓我想到一個很有趣的問題：既然現在你知道套話是怎麼回事了，也知道套話能達到什麼效果，以及如何運各種套話技巧，那別人對你展開套話攻勢的時候你能抵擋嗎？

嗯……或許可以，或許不行。熟悉套話原理和技巧能讓你更容易察覺別人是否在套你話，但你還是得保持警覺，而且要常訓練自己保持警戒，以免他人運用套話戰術偷偷突破你的心防、讓你說出你原本不會透露的真相。

誰是敵人，你要先知道

要能夠抵擋他人的套話攻勢，你必須先知道別人用了什麼技巧、這技巧叫什麼名字。一九八〇年代初期，出現了一種不尋常的新病症，導致許多年輕人死亡，但醫生們卻束手無策。等到醫界終於找到這些不尋常病症背後的主因，並且賦予這種疾病一個正式的名稱，醫界才能開始研究它、對抗它，否則在此之前幾乎是一籌莫展。只有等到疾病的「全貌」越來越清楚、等到醫界終於認定造成這些神秘病症的罪魁禍首是一種叫作「愛滋病」的新疾病，醫生才終於採取行動，遏止疾病的擴散，最終研發出能對抗愛滋病的藥物，讓愛滋病從「必死之病」變成可以透過藥物控制的疾病。

同樣的道理也適用於套話：除非你真的了解套話的各種技巧和執行過程，否則你的大腦很難發現別人在套你話，很難理解套話可能造成的影響。但現在你已經了解套話的原理以及各種戰術的名字，知道套話能達到什麼效果，光是知道世上的確有套話這回事，就讓你更有機會察覺他人的套話攻勢，也更有機會抵擋這類攻勢。

布萊恩迴圈

好幾年前，我曾擔任過軍方審訊訓練課程的講師。課程最後是長達一週的應用練習，驗收學員是否能運用新學到的技巧。

為了讓演練情境更加逼真，我們會找人來扮演犯罪情境中的各種角色，按著劇本演出。例如，劇本可能會寫說有名目擊證人在一家餐廳裡無意間聽到罪犯的對話，該名目擊證人就坐在嫌犯那桌的旁邊雅座，而嫌犯在討論一場恐怖攻擊的計畫。由於目擊證人就在旁邊聽嫌犯說話，所以他們對於所聽到內容的描述也會很真實。同樣地，每個扮演角色的演員都是在真實情境中演出。

隨著劇情展開，新手審訊員必須練習偵訊嫌犯，以獲得更多資訊，例如確認參與恐怖攻擊的名單。為了讓實戰練習更有挑戰性，我們會讓目擊證人提供一些誤導審訊員的資訊，而我們稱這類目擊證人為「轉移焦點型證人」。

我兒子布萊恩也曾加入角色扮演，那次他負責飾演一場恐怖攻擊的主謀。他首度接受偵訊結束之後，審訊員認為布萊恩只是個誘餌，不是真正的恐怖份子，因此建議立刻釋放，不再拘留。但當時的講師知道布萊恩其實是恐怖攻擊的主謀，所以他提醒該審訊員：放走布萊恩，他就會消失在茫茫人海當中，日後若還要再把他找來問話，就必須大海撈針去找他。接收到講師的暗示，審訊員決定再次訊問布萊恩，但經過第二次訊問後，審訊員的結論和第一次一模一樣。

我後來問布萊恩他怎麼有辦法抵擋審訊員的套話攻勢。他說他研究出一個簡單的技巧，可以化解對方的套話攻擊。首先，他已經想好他要透露哪些訊息。他的角色設定是一名農夫，半路被攔下臨檢，警方在他的小貨車裡發現製作炸彈的材料，於是他遭到拘留審訊。但布萊恩已經打定主意他要堅稱自己只是個努力工作養活老婆小孩的農夫而已。

布萊恩一開始就想好三種回應審訊員的方式：「是……」、「不是……」、「我不知道……」。這裡的「……」指的是布萊恩預先想好的回答。

例如，如果審訊員問：「你是恐怖份了嗎？」布萊恩就回答：「不是，我只是農夫。」布萊恩的回答創造了一個審訊員難以突破的迴圈。

簡單來說，所謂的布萊恩迴圈就是用「是」、「不是」、「我不知道」加上預先想好要透露的訊息來回應審訊員。

而且為了混淆審訊員，布萊恩還會釋出前幾章我提過的幾種非語言友好信號，同時，布萊恩會用不同的說法來描述自己是個農夫，例如「我種農作物」、「我養牲口」、或「我只是努力養家活口的一個農夫而已」。

布萊恩釋出的友好信號，讓他能更輕易把審訊員拉進難以突破的問答迴圈。事實上，在審訊員回報調查情形時，有些審訊員甚至沒發現自己掉入了迴圈。於是我把這種回話模式命名為「布萊恩迴圈」。

大多數讀者大概一輩子都不會被偵訊，但還是有可能在商業、政治或社交情境裡碰到想套話的人。因此，我將布萊恩迴圈稍微改良一下，讓這種反套話技巧能適用於各種情境。布萊恩迴圈2.0版的基本架構還是一樣的，一樣用「是……」、「不是……」、「我不知道……」來回應，但是講完自己的答案以後，要把對話焦點轉移到問話的人身上。

我把改良版的布萊恩迴圈傳授給世界各地的美國大使館官員，很多官員都說這種反套話技巧超好用。大使館人員常出席各種正式和非正式的社交場合，因此他們常遇到外國的情報人員或外交官，這些人總想探聽一些敏感資訊。此時美國大使館人員就可以使出布萊恩迴圈，僅透露自己事先想好可以透露的訊息，然後再把球丟回給對方，請看以下例子：

他國官員：聽說美國要增派駐軍前往中東了。（推定陳述）

美國官員：這我不清楚耶（典型的「是」、「不是」、或「不知道」回答），我的業務是公共關係（事先想好的台詞，接在「不知道」之後）。您的身份職位這麼重要，消息一定比我更靈通吧！您從哪聽說的呢？（一邊捧對方、一邊把問題丟回去）

我有位學生也說，他覺得布萊恩迴圈非常好用。他有次被派去敵國執行臥底情報任務，但剛下飛機正在排隊過海關，有位移民署警官拍了他的肩膀，把他拉到一旁。我學生嚇了一跳，以為自己被當場活逮，幸好他想起以前學過的「聚光燈效應」（說謊或試圖隱瞞某事的人，很容易以為周遭的人已經發現他們的事跡敗露），所以他先認定那位警官可能根本不知道他是情報人員。

然後我學生默默複習了一下布萊恩迴圈這個反套話技巧，他的心跳速度逐漸回復正常，然後面對移民署警官連珠炮似的發問，他採用布萊恩迴圈輕鬆應對，而且頻繁釋出友善信號。最後，對方相信了我學生的說詞，甚至渾然不覺自己陷入布萊恩迴圈，於是放我學生入境。

其實對方移民署警官只是隨機從等待入境檢查的隊伍中抓人出來訊問，而我學生只是剛好被選中，那位警官完全不曉得我學生真的是來執行臥底任務。後來我學生跟我說，要是沒有學過布萊恩迴圈，他在突然面臨巨大壓力的情況下可能只會當場愣住或想脫身，但這樣的反應很可能讓他身份暴露。他還特別強調，布萊恩迴圈容易記憶也容易執行，即使在面臨巨大壓力的情況下也能輕鬆運用，是絕佳的反套話技巧。

拼圖效應

有句話是這麼說的：「我被你騙一次，丟臉的是你；我被你騙兩次，丟臉的是我。」你應該心裡常默唸這句充滿智慧的俗話。當然，要避免被套話最好的辦法就是都不要說話，但這根本不可能；通常會出現的情況是：雖然你一直提醒自己小心別人的套話戰術，但你有可能在不小心透露一點點訊息後才發現對方在套你的話，此時如果對方還想繼續探聽更多資訊，你就會把你的反套話雷達全部打開，防止對方再次得逞。請謹記「騙我一次可以，騙我兩次不可能」這句話，無論你在套話還是反套話，這句話都極具參考價值。

有些套話高手很清楚如果套話時間過長，可能會讓對方產生戒心，尤其如果對方也懂套話、而且也練習過各種套話技巧，那麼持續打探就更容易觸發對方內心的警鈴。因此，他們知道自己大概可以套出一項關鍵資訊（騙一次可以），但想套到兩項以上重要訊息就很難（騙兩次不行）。

那套話高手到底是如何探查真相呢？其實是靠一點一點地蒐集資訊，像是在不同場合從同一個人口中每次套出一點點訊息，或是在同一場合從多人口中分別套出一點點訊息。當他們蒐集到足夠的片面資訊，就可以像拼拼圖一樣，用這些零碎訊息拼出他們在尋找的真相。

研究套話技巧的先驅約翰・諾蘭（John Nolan）在他的書中，就討論過如何在職場上利用這種「拼圖套話法」來蒐集重要資訊：

「如果你在一家承包政府案件的公司工作，而你們公司正在競標一個中央政府的高價大計畫，你一定會想要盡可能了解競爭對手的狀況，這樣才能根據對手的營運開支，更準確地估計他們會出價多少。你想知道的訊息包括對手公司各項成本的比率。但你有可能直接問別人他們公司各種成本費率是多少嗎？有人會這麼簡單就告訴你嗎？不會。大多數人甚至不知道自己公司成本情況，就算有人知道，他們也很清楚這是有關公司財產的超重要資訊，若敢洩漏這種資訊，自己就完了。」

「所以，要怎麼探聽這麼關鍵的資訊呢？首先，要從『只知道小事情』的人下手。因為這些人覺得自己知道的事情不重要，所以說出來也沒關係。舉凡公司福利、保險、建築設施成本、員工帶薪假、設備成本、參與公司行政管理的人員數目等資料，都得靠『人』來提供。」

「例如，如果你用很溫和貼心的方式詢問某員工對公司勞工保險方案的想法，他可能會滔滔不絕地發表感想：『五年前的保險方案很棒，那個時候看醫生、看牙醫、看眼科都有理賠，不只我自己，還有我先生和孩子也都受惠，而且不用另付保險費。但現在我每期要付一千八百多元的保費，而且還只有最基本的保障。』從這段敘述是不是就能看出，該公司把員工福利的成本往下調整了？沒錯。而這名員工會覺得自己透露了什麼原本應該要保密的資訊嗎？當然不會。因此，只要透過一些方式證實她的說詞，例如把她提到的保費金額跟市場上常見的保費金額比一比，若是證實她所言不虛，那麼她透露的訊息就可以成為助你建構真相的一塊拼圖。」

「另一名員工也抱怨說，以前聖誕假期有十天帶薪假，但後來小氣巴拉的新主管上任之後，把帶薪假砍到只剩兩天。從這名員工的抱怨可否看出該公司的人力成本降低了？當然可以，但這名員工同樣也不會認為自己透露了什麼了不起的訊息。但是，當你把這名員工的抱怨和從其他來源得到的消息相互比對、統整，最後有可能準確計算出該公司的間接成本率。由此可見，片面資訊看起來一點都不重要，提供片面資訊的人也很少察覺自己洩漏了什麼重要情報。也就是說，他們幾乎不會發現自己透露的資訊正在幫你拼湊出你想要的真相全貌。」

每次只要偷一點

你有想過有些大公司的電腦系統是怎麼被駭客入侵的嗎？一般人可能以為那些

市值上億的大企業，應該擁有嚴密的防護措施來抵擋駭客，但事實並非如此。為了讓各位了解駭客如何一點一點地蒐集一間大公司的零碎資訊、最終成功入侵公司系統安裝惡意程式，同時也讓各位未來對類似事件能事先有所防備，以下有幾段情境對話，讓大家看看駭客如何營造和諧氛圍和運用各種技巧對不同的人套話，最終成功駭進某公司的電腦系統。

在這個案例中，化名「納森」的駭客用手機打了一連串電話到他鎖定的某公司，想要找到能進入該公司電腦系統的破口，竊取用一般管道無法獲取的資訊。以下對話由將由「納森」逐步解說他做了什麼，以及為何要這麼做（例如他正在試圖竊取什麼資訊）。

第一通電話：打到公司總機

納森：不好意思，我是新員工，我不太會用我桌上的電話，可以幫我轉接給能教我怎麼使用桌上電話的人嗎？

總機：正在為您轉接。

電話服務：您好。

納森：您好，我不太會用我桌上的電話，我是新來的。請問一下，如果有人打到我桌上的電話，我有沒有辦法知道是誰打來的？會有來電顯示嗎？

電話服務：很難說一定知道是誰打來的，因為我們是彈性辦公空間，一張桌子會有多人輪流使用，有時一張桌子會由超過三個不同輪班班次的員工輪流使用，而且現在大家都用手機，所以就算有來電顯示也很難馬上知道是誰打來的，這會造成你的麻煩嗎？

納森：喔，不會，我了解了，謝謝。

納森的話：現在我知道這間公司是多人輪流共用一張桌子，而且大家不太在意桌上電話的來電顯示，所以我從公司外面打進去也沒關係。但就算公司真的會注意來電顯示，我也有辦法應付。

第二通電話：打到公司總機

納森：您好，麻煩請轉大樓保全好嗎？

總機：好的請稍等。

保全：您好，需要什麼協助嗎？

納森：呃，我不確定這件事能不能麻煩你，但我在大樓外撿到一張門禁卡，我想是有人不小心掉的。

保全：你把那張卡拿來給我們就好了，我們在三號大樓。

納森：沒問題，我可以請問你是哪位嗎？

保全：我是艾瑞克·伍德，如果你來的時候我不在，可以交給尼爾。

納森：太好了，我會的。你是大樓保全的主管嗎？

保全：我們是物業保全，主管是彼得·瑞德。

納森的話：這段對話讓我知道了幾位保全人員的名字、該部門的正確名稱、保全主管是誰，還有他們是負責處理實體門禁卡的單位。

第三通電話：打到公司接線總機

納森：您好，我這裡是醫靈寺人力銀行。大約一個月前我跟你們公司人資人員開過會，但後來我的電腦壞了，結果會議的與會名單也跟著不見了。

總機：沒問題，我可以幫你查一下人資部門。你完全想不起來任何一人的名字嗎？

納森：我只知道其中一位是人資主管，但那場會有好幾個人參加，實在記不清楚了。

總機：好的……有了，主管是瑪莉．契爾米斯特，電話是xxxxxxx。

納森：啊！你一講我就有印象了。那人資部其他員工的名字是……？

總機：人資部有珍羅斯、艾瑪瓊斯……

納森：沒錯，另外兩人肯定就是珍跟艾瑪，可以麻煩你給我她們的電話嗎？

總機：好的，珍．羅斯的電話是xxxxxxx，艾瑪．瓊斯是xxxxxxx。你要我直接幫你把電話轉接給他們其中一位嗎？

納森：好啊，那麻煩你幫我轉接給艾瑪，謝謝。

納森的話：現在我知道人資部三位員工的名字，其中一位還是該部門主管。

第四通電話

人資部：您好，我是艾瑪。

納森：嗨，艾瑪，我是三號大樓的設施保全艾瑞克，我想請妳幫個忙。我們這裡儲存門禁卡資料的電腦出了問題，昨天晚上電腦大當機，有些新進員工的資料就消失了，妳知道誰能告訴我過去兩週新進員工的聯絡資料嗎？我們必須盡快通知這些人，跟他們說他們的門禁卡暫時不能用。

艾瑪：這個我可以幫忙，我查完名字後email給你好嗎？是要過去兩週新進員工的聯絡資料，對嗎？

納森：沒錯，是過去兩週。真是麻煩妳了，但妳可不可以傳真給我？昨天的電腦當機也影響到我們收發email了。

艾瑪：好啊，那傳真號碼是多少？喔，還有你說你叫什麼名字？

納森：妳就在傳真資料上標註是給艾瑞克的。我現在去查一下傳真號碼再回電給妳。

艾瑪：好的。
納森：妳知道查這些人的資料大概需要多少時間嗎？
艾瑪：應該不用半小時。
納森：那妳有辦法現在幫我查嗎？因為真的有點緊急。
艾瑪：我早上還有工作要先做，但下午應該就可以給你了。
納森：太好了，感謝妳。麻煩妳查完後直接打電話通知我，我就可以立刻重啟他們的門禁卡。
艾瑪：沒問題，你的電話號碼是？
納森：我給妳我的手機號碼，這樣妳就一定找得到我，號碼是xxxxxxx。
艾瑪：好，我查完就打給你。
納森：太好了，真的很感謝妳幫忙。

第五通電話：打到公司總機

納森：您好，請幫我轉接IT部門。

總機：好的。（在線上漫長等待……）

IT：您好，請問您的設備編號或是案件編號是多少？

納森：我只是要問個簡單的問題。

IT：什麼問題？

納森：路透社有人想email一份報告給我，他問我我們公司能收的最大附件容量是多少。

IT：5MB。

納森：太好了，感謝。喔，還有，他們要寄的是exe文件，但有些公司電腦會直接擋下這種格式的附件。

IT：我們不能收exe文件，這種格式的附件會被防毒軟體擋下，不過他為什麼需要寄exe文件？

納森：我也不知道，那他要怎麼寄給我？可以用壓縮檔或其他方式嗎？

IT：壓縮檔是可以的。

納森：好的，了解。喔，還有一件事，我在我的電腦工作列上沒看到諾頓防毒軟體的圖標，我前公司的員工電腦上都有個諾頓防毒的小圖標。

IT：我們這裡用的是邁克菲防毒軟體，所以圖標和諾頓不一樣，是個藍色的圖標。

納森：好，我知道了，謝謝，再見。

納森的話：現在我知道，如果我要寄exe格式檔案到這家公司，必須先壓縮，而且大小不能超過5MB。我也知道他們使用的是邁克菲防毒軟體。

第六通電話：幾小時後，人資部艾瑪來電。

艾瑪：嗨，是艾瑞克嗎？

納森：沒錯，是我。

艾瑪：我幫你查到新進員工的名單了，你要我傳真過去嗎？

納森：太好了，感謝妳，新進員工有幾名？

艾瑪：大概有十人。

納森：其實我不確定這裡的傳真能不能用，不然可不可以請妳直接唸給我聽，我想這樣比較快。

艾瑪：好啊，你有筆嗎？

納森：有，請說。

艾瑪：業務莎拉・瓊斯、經理羅傑・威克斯……

納森：好的，謝謝，妳真的幫了大忙，拜拜。

納森的話：現在我有過去兩週新進員工的名單，也知道他們所屬部門以及部門經理的名字。新進員工比資深人員更容易掉入話術的詐騙陷阱。

第七通電話：打到公司總機、

納森：您好，我想email給貴公司的莎拉・瓊斯(Sarah Jones)，但我不知道貴公司的email地址格式，請告知謝謝。

總機：好，她的email是sarah.jones@targetcompany.com.

納森：謝謝。

詐騙郵件第一封

幾分鐘後，一封寄件人地址為偽造的電子郵件，寄到了莎拉．瓊斯的信箱，內容如下：

來自：itsecurity@targetcompany.com
至：sarah.jones@targetcompany.com
主旨：資訊安全

莎拉，您好：

身為本公司的新員工，您需要了解公司的資訊安全政策和守則，尤其是員工要遵守的「使用規章」。

此規章的目的是概述本公司電腦設備合理的使用範圍，制定這些規則是為了保護員工和公司。不當使用電腦設備會造成風險，包括病毒攻擊、網絡系統和服務受損以及法律問題。

此規章適用於本公司所有員工、承包商、顧問、臨時工和其他工作人員，包括隸屬於第三方的所有人員，且此規章適用於本公司擁有或租賃的所有設備。

很快會有人與您聯繫，與您討論此事。

祝好，

資訊安全部

第八通電話：幾個小時後，再次打給公司總機

納森：您好，請幫我轉接莎拉．瓊斯。

總機：為您轉接中。

莎拉：您好，這裡是業務部，有什麼可以為您服務的嗎？

納森：嗨，莎拉，我這裡是資訊安全部，我要為妳簡單說明公司幾個最重要資訊安全規範，妳應該有收到email通知了吧！

莎拉：有，我今天收到通知了。

納森：那太好了，不過這只是新進員工都要走的一個程序，大概只要五分鐘而已。妳剛來公司一切都好嗎？大家都很願意幫妳吧？

莎拉：是啊，一切都很好，只是剛進一家公司難免有點緊張。

納森：那是會的，而且要記得所有人的名字也很不容易，羅傑有為妳介紹公司環境和同事了嗎？（這一小段閒聊是為了營造和諧氛圍以博取對方信任）……人資部的艾瑪．瓊斯人也很好喔！如果妳有需要人資部的協助可以找她。

莎拉：我知道，當初人資部面試我的人就是艾瑪。

納森：好，那我現在要趕快跟妳說明了，妳email打開了嗎？我現在會寄一份資訊安全簡報給妳，然後我會帶著妳看。

莎拉：好，我看到email了。

納森：好，那現在麻煩雙擊一個叫做「安全簡報」的壓縮檔附件。

莎拉：好的……

納森的話：事實上，此時她執行的檔案是個巧妙設計的包裝程式，裡面有一系列程式語言，包括用來遠端控制目標電腦的木馬程式、隱藏入侵蹤跡的後門程式、追蹤鍵盤輸入記錄的鍵盤側錄程式，以及任何我想要放在裡面的程式工具。

當莎拉點擊檔案，簡報便立即啟動，不過這個PowerPoint簡報只是告訴她不要執行exe格式的附件，以及說明其他基本資訊安全措施。

簡報上印有該公司的商標，要取得商標圖案很容易，只要從公共網路伺服器就可以複製，簡報上附帶公司商標會更有說服力。幾秒後，就在我帶她看這份簡報的同時，包裝程式裡的各種惡意程式已經開始癱瘓邁克菲防毒軟體以及其他任何可能保護使用者的程式。接著，後門程式會自動安裝，這樣一來，無論是主要操作系統還是犯罪調查人員都難以察覺惡意程式的行動記錄；接下來，木馬程式也會安裝好，每次電腦開機木馬程式都會跟著啟動，但所有行動蹤跡都會隱藏得很好。然後，木馬程式會自行搜尋代理伺服器的設定以及其他有用資訊，試圖自行連結上網路，等待主機的指令。很顯然，所有程序以及傳輸控制協定（TCP）的連結都會隱藏得很好，即使啟動nestat（按，一種查詢本機網路與外界網路連線的工具）或是工作管理員（用來偵測未授權的電腦操作行為）都無法發現惡意程式的行蹤。

到這裡，木馬程式已經與主機連線，我已經掌控對方的電腦，現在可以來看看對方電腦裡有什麼好東西，然後正式進行我的「駭客任務」了！

現在各位已經知道我如何一步步算計、然後一步步接近某公司的電腦系統，我希望各位針對以下幾點好好思考：1 看來完全無害且容易取得的片面訊息，也有可能被居心叵測的人利用；2 成功營造和諧氛圍能博取對方信任，有很多人因此渾然不覺自己成為歹徒的共犯；3 不管誰要求你透露任何資訊，你一定要小心，尚未確定對方的真實身分前，切記不要透露任何訊息。

小提醒

被別人套話是難免的，如果套話沒有效果，這本書也沒有存在必要了。但各位讀者你們現在已經擁有很多人沒有的優勢，那就是你們知道套話是怎麼一回事、也知道如何運用各種套話戰術。目前世上知道各種套話技巧的人還非常少，知道的人主要都是執法人員以及政府的情報人員。因為你們擁有這項優勢，所以就算有人想套你們的話，你們也比較容易發現對方的意圖。

別人主動跟你說話的時候，切記不要開啟「自動回答模式」！進行談話的同時，你一定要想想對方主動跟你談話的意圖，透露任何資訊都要很謹慎，特別是那些可能用來盜竊身分或是進行企業間諜活動的資訊。還有要記得，你透露的片面資訊本身看起來可能不重要，但若跟其他零碎資訊拼湊起來，可能會成為他人在尋找的完整拼圖。最後，如果你懷疑有人正試圖套你的話，你也可以運用布萊恩迴圈，這麼一來應該可以擋住對方的套話攻勢。

第十五章 套話測驗

測驗一：瓦爾度去哪了？

亞瑟．柯南．道爾爵士在《四個神祕簽名》一書中，透過名偵探福爾摩斯展現絕妙的套話技巧。在這段故事裡，福爾摩斯和一隻叫作托比的狗為了追嫌犯來到了一座木橋的盡頭。托比停下來看著冰冷黑暗的水面，而福爾摩斯此時若想繼續抓嫌犯，他必須知道嫌犯是否事先跟附近的船屋租了船。為了避免引起船屋老闆娘的懷疑，福爾摩斯不直接提問，而是用套話的方式探聽嫌犯的消息。

作答指引

以下是一段福爾摩斯和船屋老闆娘的對話，每一句話都有編號，你可以檢視自己能不能看出哪些句子裡福爾摩斯有用到套話技巧、用了何種技巧。你可以另外拿一張紙條當作答卷，把有用到套話技巧的句子編號及技巧名稱寫下來。

以下是福爾摩斯可能用到的套話技巧：1 推定陳述；2 說故事；3 第三方觀點；4 範圍推定；5 裝無知；6 好奇心之術；7 捧套殺之術（捧高或貶低）；8 同理心論述；9 事實引述；10 認知失調；11 等價交換；12 表示懷疑；13 故作驚訝或不相信；14 回聲之術；15 話說一半；16 錯誤的技能歸屬。

開始之前再給一點提示：在與船屋老闆娘的簡短對話中，福爾摩斯用了八次套話技巧（有重複使用）。現在就祝各位好運啦。這項測驗沒有時間限制，你需要多少時間完成都可以！

1.「我們運氣太背了！」福爾摩斯說：「他們已經從這搭船走了。」

2.好幾艘平底船和小艇在水面上和碼頭邊漂浮著。

3.我們帶著托比逐艘查看，雖然托比很努力想嗅出嫌犯蹤跡，

4.但還是一無所獲。

5.在簡陋的碼頭附近有一間小磚屋，有一塊木牌

6. 懸掛在第二扇窗戶，上面寫著「莫迪凱．史密斯」

7. 幾個大字，底下寫著「船隻租用，按時數或天數計算」。

8. 但在門上方還有另一行文字讓我們知道這間船屋有蒸汽艇，這點

9. 可從碼頭邊高高的煤炭堆證實。福爾摩斯

10. 慢慢地四處察看，然後露出一副大事不妙的表情。

11. 「情況看來不妙，」他說：「這些人比我想得更精明，他們

12. 好像還試圖掩蓋行蹤，恐怕到目前為止

13. 他們的行動都是事先安排好的。

14. 他正走向船屋，船屋的門就打開了，一個捲髮

15. 的六歲小男孩衝了出來，後面跟著一個身材粗壯、臉色紅潤的女人，

16. 她手上還拿著一大塊海綿。

17. 「傑克！你給我回來洗乾淨！」她大叫：「回來！你這死小孩！

18. 等你爸回家看到你這樣一定把你揍得哇哇叫！」

19. 「可愛的小朋友，」福爾摩斯故意對小男孩說：「真是個健康可愛的

20. 小淘氣！欸，傑克，你有沒有想要的東西？」

21. 這小孩想了一下。

22. 「我想要一先令。」

23. 「你不想要更好的東西嗎？」

24. 「那我要兩先令。」這小天才想了一會兒後這麼說。

25. 「喏，給你，接好！史密斯太太，你兒子真聰明！」

26. 「真是感謝你，他是聰明，不過也太聰明了，老是給我惹一堆麻煩

27. 我根本管不動他，他老爸不在家的時候他特別調皮。」

28. 「不在？老闆不在嗎？」福爾摩斯用很失望的語氣說：「真是可惜，

29. 我正想找史密斯先生談談。」（把對話引導至目標話題上）

30. 「他昨天早上出去到現在都還沒回來，坦白跟您說，我已經

31. 開始擔心了。但如果您只是想租艘船，我想我也可以

32. 幫您處理的。」

33. 「可是我想租的是他的汽艇。」

34. 「啊！真是不巧，他開走的就是汽艇，這正是

35. 讓我想不通的地方，因為我知道船上的燃料大概只夠開到

36.伍利奇然後再開回來而已。如果他今天開走的是一般平底船我大概不會覺得怎樣，

37.有很多次他為了工作，最遠會開到格雷夫森德，如果有很多事要忙

38.他可能會在當地過夜。但這一次他開著一艘燃料不足的船能幹嘛？

39.「也許他會在某個碼頭買些燃料。」

40.「您說的不是沒道理，但他平常不是這樣做的，有好幾次我都聽到他在罵

41.什麼隨便一點燃料就賣這麼貴。還有，我也不喜歡那個裝著木腿的男人，

42.他不只長得很醜，說起話來也古古怪怪，他到底想要幹什麼啊……老是

43.在這附近晃？」

44.「啊，居然有個裝木腿的男人？」福爾摩斯有點驚訝地問。

45.「是啊，有個皮膚很黑、看起來尖嘴猴腮的傢伙，來找我

46.老公好幾次，昨晚就是他把我老公從睡夢中挖起來，還有啊，我老公

47.好像事先就知道他要來了，所以我老公早就把汽艇準備好等著他。我坦白告訴您，

48.我覺得事情很不對勁。」

49.「不過，史密斯太太，」福爾摩斯聳聳肩說：「妳只是
50.在自己嚇自己，妳怎麼知道
51.昨晚來的就是那個木腿男人？我不曉得妳怎麼能
52.這麼肯定？」
53.「因為他的聲音，我認得他的聲音。他輕敲
54.門把，大概三下，然後說『快點，馬帝，
55.該出發了。』然後我老公就叫醒我大兒子吉姆，
56.他們沒跟我說什麼就走了。我還可以聽到那條木腿敲在石頭上的聲音。
57.「當時這名木腿男是獨自前來嗎？」
58.「很難說，我真的不確定，不過我沒聽到別人的聲音。」
59.「不好意思，史密斯太太，我還是需要租用你們那艘汽艇，我聽別人對它評
價不錯，
60.它叫做什麼來著……好像叫作……嗯我想一下，船名叫……」
61.「叫極光號，先生。」
62.「啊！它是那種漆有一條黃線的舊式綠色大汽艇，船身非常寬。」

63.「不是耶，其實它跟河上其他小船差不多大，不過它剛剛重新上過漆，是黑色的還有兩條紅色條紋。」

64.是黑色的還有兩條紅色條紋。」

65.「感謝妳，希望妳能早點聽到妳先生的消息。我現在要搭別的船走了，要是我有看到極光號，我會跟妳先生說

66.要是我有看到極光號，我會跟妳先生說

67.妳很擔心。妳說船的煙囪是黑色的，對嗎？」

68.「不完全是黑色，上面還有一條白色條紋。」

69.「啊對，是船側才是黑色。再會了，史密斯太太。

70.華生，有個船夫開著小船過來了，我們該上船

71.渡河了。」

72.當我們坐在船上，福爾摩斯說：「跟那樣的人說話時，最重要的是

73.不要讓他們覺得他們說的話，

74.對你來說很重要。如果他們發現自己講的話對你有什麼價值，他們會立刻閉口不言。

但如果

75.你靜靜地聽他們抱怨的話，就像我剛剛那樣，那你通常能聽到你要的答案。」

測驗一結束

測驗一的答案，可以請參見本章的結尾。

測驗二：你是天才小殺手嗎

接下來各位會看到我和一位汽車業務的談話。我們在商展認識，閒聊了一會兒就各自離開了，但很巧的是，當天晚上我在餐廳用餐時又碰到他，於是他邀我晚餐後到飯店酒吧喝一杯。那陣子我正好因為想買新車而到處看車，但我沒跟他提到這點。不過我倒是很想知道買車到底該注意哪些事情，這樣我下次跟車商交涉的時候可以有些優勢。我想直接問這位汽車業務，但我知道問得太直白可能會讓他反感，所以我決定用套話的方式來獲得我想要的答案。

套話會比直接發問花更多時間，但我也知道套話得到的資訊會比直接問更真實、更詳盡。於是我先花了大約十五到二十分鐘營造和諧氛圍，接著開始套話，以下就是我們的談話。

作答指引

請閱讀我和這位汽車業務的對話，我說的話都有標號（從1到18），請找出我說的哪些話有用到套話技巧，以及我使用了下列哪一種技巧：1 推定陳述；2 說故事；3 第三方觀點；4 範圍推定；5 無知戰術；6 好奇心之術；7 地位捧高或貶低；8 同理心論述；9 事實引述；10 認知失調；11 等價交換；12 懷疑戰術；13 假裝難以置信；14 回聲之術；15 話說一半；16 錯誤的技能歸屬。

作答提示：有時我會在一句話中，使用到兩種套話技巧，碰到這種情況，只要你有寫出任何一種都算答對。你可以另外拿一張紙條當作答卷，把有用到套話技巧的句子編號及技巧名稱寫下來。本項測驗的答案請見本章結尾。這個測驗不限時間。

你接下來看到的是一段真實的對話，所以如果你也在考慮買車的話，你從這段對話獲得的資訊，是真的能在你買車時幫你省一筆錢。

1.我：靠賣車賺錢一定很不容易吧！

業務：其實如果弄懂門道就不會那麼辛苦了。

2.我：聽起來你已經很懂其中門道了。

業務：我知道一些啦！為了生存這是一定要的。

3.我：嗯，我看新車標價都那麼高，你一週只要賣幾輛車就夠賺了吧！

業務：應該是一天就要賣出幾輛車。

4.我：哇，那要賣很多車耶！

業務：事實上，重點不是賣多少輛車，而是賣出每一輛車可以賺多少淨利。

5.我：所以你的意思是議價空間很大。

業務：真正重要的數字是經銷商跟車廠的進貨價，不過汽車業務不可能會告訴買家真正的進價。

6.我：你是說進價還有內幕？

業務：大多數買家都以為進價等於經銷商能接受的最低售價，其實並非如此，我已經用低於進價的價格賣出幾百輛車了。我跟你說，有一種價格叫做車廠建議零售價，和經銷商的進價不一樣，進價是經銷商跟車廠買車的價格。而車廠建議零售價和進價之間的價差就是經銷商的利潤。不過，這只是表面上的利潤。

7.我：表面上的利潤？

業務：沒錯，其實經銷商可以拿到很多一般人不知道的補貼。我跟你說個例子，讓你知道平常賣車的情況大概是怎樣。我會跟買家說：「你看，這是這輛車的進價，如果我們用你想要的價格賣給你，那我們只賺幾百美元而已，而你則用低於車廠建議零售價一千五百元的價格買到這輛車。」買家這時通常會說：「喔，所以這價格已經沒辦法再低了嗎？」我就會回答：「沒錯，這個價格你已經省了很多錢，而我們車商只賺一點點而已。」買家離開的時候通常會覺得自己用很划算的價格買到車，但其實並非如此，大多消費者不知道經銷商通常還能拿「預支優惠」。

8.我：預支優惠？

業務：沒錯，車廠通常會給經銷商一些預支優惠，來補貼經銷商的行政管理成本。一般的預支優惠大概是車價的百分之一到百分之三，例如經銷商賣出一輛三萬八千美元的車，就可以拿百分之三、一千一百四十美元的預支優惠。

也就是說，除了車廠建議零售價和進價之間的價差，經銷商還可以多賺這一千一百四十元。

9. 我：哇，真不敢相信！

業務：還有呢。如果車商能售出特定車款，或者為了即將上市的新車款而盡快出清舊車款，他們還能拿到獎勵金，金額通常超過兩千元。車商通常不會讓消費者知道獎勵金對車商來說是很大筆的利潤。此外，如果車商售出的車輛達到某個數目，那接下來每售出一輛車又會得到額外獎勵金。車商通常會利用自己可以拿到的預支優惠或獎勵金額度，讓消費者有更多殺價空間，增加消費者購買的意願。除此之外，經銷商還會跟車廠拿行銷費用來布置自己的汽車展示間，行銷費用通常是五百到一千美元。如果把行銷費用加上車廠另外給的預支優惠和獎勵金都算進去，你會發現所謂的進價其實是一個非常高估的價錢。

10. 我：聽起來好複雜喔。

業務：我講簡單一點：同樣的車款，車廠會以同樣的價格賣給所有車商，但你永遠不會知道真正的進價。你可以上網查資料，自己估算某些車款的進價，但真正的進價是機密。車商會自己創造一個進價給消費者看，但其實車商還可以拿到優惠、行銷費用以及其他補貼。車商進價再加上百分之二到三的利潤，就成了車廠建議零售價。所以，任何人要買車，都應該把價錢殺到低於車商進價。我們汽車業務整天都是努力用車商進價或稍微高於車商進價的價格把車賣出去。用車商進價賣出一輛車的話，我們的利潤大概在兩千到四千美元之間。你可以想像一下如果用車廠建議零售價賣出的話，我們可以賺多少。因為所有車商都是用同樣的價格買進同樣的車款，所以能不能賺得比別人多，就是要看車商進價和車廠建議零售價怎麼訂。這其實是個秘密，你買車的時候一般汽車業務不會跟你說我剛告訴你的事情。車商當然會想辦法從買家身上賺越多越好。

11. 我：哇，你真的很懂耶！

業務：喔對了，還有別的買車秘訣喔！

12. 我：你開玩笑的吧！

業務：你可以去找做車隊的業務。

13. 我：車隊業務？

業務：大型經銷商都會有車隊業務，這些人負責一次賣大量的車，給需要車隊的公司，例如租車業者。車隊業務不是靠每輛車的佣金賺錢，他們著重的是賣出的總量。也就是說，他們的收入是看他們賣了多少輛車，而不是看他們用多少價格賣出一輛車。只要不低於真正進價，車隊業務能接受的議價空間很大，他們不在乎買家花多少錢買一輛車，他們的目標是盡可能賣出越多車越好。如果你找車隊業務買車，他們會非常樂意趕快把車賣給你。越大規模的車商就有越多車隊業務；大車商還有另一個優勢是因為他們可以跟車廠大量進貨買車，可以得到更多的折扣，所以消費者跟大車商的業務買車能夠殺價的空間比較大，而大車商也能夠用更優惠的價格壓制小車商。

14. 我：哇，我真幸運能夠聽到這些！

業務：買車還有另一個訣竅。首先，你要先找好貸款，通常透過其他方式貸款的利息，會低於透過車商的貸款。好，我要說的訣竅是：如果買家透過車商貸款買車，車商通常可以拿百分之二到三的獎勵金。不過車商要拿到這筆獎勵金，買家必須付至少三到四個月的貸款。如果買家沒有付這麼長時間的貸款，車商的獎勵金就會被收回，也就是說他們必須繳回獎勵金。買家其實可以利用這點作為協商籌碼。買家跟車商業務談的時候可以打聽如果透過車商貸款，要貸款多久車商才不需要繳回獎勵金，例如買家可以說：「我的貸款期可以比車商獎勵金繳回期限多一個月，但我希望車價能再降五百元。」如果車商答應，那就跟他們貸款到獎勵回收期限之後一個月，然後再用利率比較低的貸款來源還完剩餘款項。

15.
我：水很深啊！
業務：還有，車商其實是用類似寄售的方式在賣車，也就是說，他們是等車賣出去才付錢給車廠。但如果他們在九十天內沒把車賣出去，就要根據車價支付利息。所以你可以找已經放在店裡比較久的車，車商會因為不想付利息而很樂意趕快把車賣給你。

16.
我：可是我怎麼知道哪輛車在店裡放了比較久？
業務：很簡單，你就看駕駛座的車門邊應該有張貼紙，上面會印著那台車的出廠日期，把這日期再加上四到五週，大概就是那輛車到店內的時間。另一個買車的好時機是月底或年底，月底或年底通常是結算業績的時候，如果業務或經銷商到這時業績就快達標，那他們會為了趕快達標而對價格更有彈性。他們會希望能達到某個銷售額度，才能在下一期繼續拿車廠的補貼。

17. 我：沒錯，我在網路上看過類似資訊。

業務：我大概跟你講到這裡，你買車前如果不事先做功課，談價格的時候就會吃大虧。車商很清楚他們進一輛車的成本是多少，但你不知道。所以你要先上網找資料，儘可能了解你想買的車款，想辦法查出車廠建議零售價的成本加成，扣掉以後再減個幾千塊，才是你談價格的起始點。

18. 我：哇，我真的很幸運在買車前能先跟你聊過。

想想看

剛剛這段我與汽車業務的對話，正好證明不僅執法人員和情報單位可受益於套話，事實上，只要你需要探聽任何可以讓你在人際、財務或工作方面受惠的資訊，套話都是你的最佳幫手。就我的例子而言，我花了大約一小時從汽車業務那裡套出來的訊息，能讓我下一次買車的時候省下幾千美元。

套話創造了一個鼓勵人說實話的環境，讓那位汽車業務對我知無不言、言無不盡。而我們的對話除了幫我省下很多錢以外，也說明了「如何讓人對你說實話」的一大要點：套話是一種有目的的談話，但不是為了測試對方有沒有說謊或是強迫對方說實話的訊問。

測驗的答案

測驗一

在測驗一的故事中，福爾摩斯用了八次套話技巧來探聽他想知道的答案，而你的任務是把這八次找出來並寫下他每次用了何種技巧。以下是參考答案：

第25行：讓他人覺得備受肯定

第39行：推定陳述

第44行：假裝難以置信

第49-52行：假裝難以置信

第59-60行：事實引述

第60行：話說一半
第62行：推定陳述
第67行：推定陳述

測驗二

你在測驗二的任務是要找出作者與汽車銷售員談話時使用套話的時機，以及寫下每次使用何種套話技巧。以下是參考答案（以作者「我」的回應為主，標號1-18）：

1. 推定陳述
2. 同理心論述／地位捧高／奉承
3. 推定陳述
4. 裝作難以置信／地位捧高／讓他人覺得受到肯定
5. 推定陳述
6. 推定陳述／裝作難以置信

7. 回聲之術
8. 回聲之術
9. 裝作難以置信
10. 同理心論述
11. 地位捧高／讓他人覺得受到肯定
12. 裝作難以置信
13. 回聲之術
16. 推定陳述
17. 事實引述

第十六章 技能總複習

恭喜！你現在已經擁有成為套話高手所需的知識。學到知識後若無實踐，那也是白學。你要成為套話高手的唯一方法就是要常練習，摸索哪些套話技巧你用起來最順手，而且可以適用在日常生活裡。套話就跟其他技能一樣，久不用會生疏，所以你必須經常練習，才能讓自己的技巧熟練靈活，套話時才能攻無不克。

本書談到了很多內容，也有詳盡的解釋以及豐富的範例，幫助讀者實際練習。即使如此，在本書的最後一章，我們還是想提供一份「取話檢查表」，這份檢查表會提醒你若要成功進行套話應該執行哪些步驟，有點像是飛行員為了安全起飛和降落，也會利用檢查表來確認自己沒有遺漏任何程序。不過我們相信過一段時間以後，這份檢查表上的各項要點都會深印在你的腦海裡，你會很自然地執行每個步驟，到時候就不再需要這份清單了。一旦你能熟練到這種境界，你就能自由施展各種套話技，而且不會遺漏任何需要注意的事項。

當然，偶爾回來瞄一眼這張檢查表也不錯，確認一下自己在談話時沒有掉入任何語言陷阱或是偏離正軌。

在看檢查表之前，我們再複習一次「什麼是套話」：就是**透過談話，在對方完全察覺不到你真實目的之情況下，獲得你要的資訊**。

取話檢查表

從他人口中套話前，你必須……

1. 想清楚你這次要達到的目的，尤其要想清楚你具體想取得什麼資訊。
2. 先想好要怎麼把談話導向你的主要話題。一定要先有些想法，這樣你才能找機會把話題從「閒聊」導向與你所求資訊密切相關的主題。
3. 切記：套話高手都會保持從容自在，展現這樣的態度才能讓對方渾然不覺你在套話，甚至對方在被套話之後還會因為和你談話很愉快而更喜歡你。
4. 不要因為「聚光燈效應」而自己嚇自己，也就是說，不要自己心虛地以為大家都發現了你的意圖。再次強調，你如果以正確方式進行套話，便不會引起對方懷疑。

5.切記：套話之所以有用，是因為它以人類的自然需求和習性為基礎。人聽到某些話的時候，天生會有衝動以特定方式行事。換句話說，對方其實是發自他的內心，想要告訴你你在尋找的答案喔！

6.記得練習「放下身段，拋棄自我優先的想法」，因為套話要把焦點放在對方身上，不是你自己身上。

準備開始套話時，你必須……

1.在準備套話時以及套話過程中，都要運用營造和諧氛圍的技巧讓對方更容易接受你。和諧氛圍有助於搭起人與人之間的心靈橋梁。除非你成功營造和諧氛圍，否則別人很難主動提供重要且真實的資訊。因此，你甚至要在和對方談話之前，就努力營造和諧氛圍。

2.接近套話對象的時候，記得釋出「三大友好信號」：閃眉、歪頭和微笑。

套話過程中，你必須……

1. 全程認真聽對方說話。
2. 一開始先閒聊些與主題無關的事情。
3. 對話過程中，把握機會將話題導向有可能讓對方透露你所需資訊的主題。
4. 根據不同情況，從本書介紹的十六種套話戰術裡選擇一項或多項來提升套話成功機率。
5. 有可能的話，盡量運用「套話三明治」來探查你想知道的答案。
6. 為了強化和諧氛圍，適時講點貼心話或稱讚對方，甚至奉承對方（如果情況合適且剛好有機會），讓對方覺得自己很棒很厲害。

套話結束後，你必須……

1. 一旦你得到想要的答案，記得趕快再聊些別的無關緊要的事情轉移話題。
2. 正如任何日常的對話一樣，套完話之後，記得自然地結束談話。

3.消化一下你取得的答案，然後想想是否該讓對方提供更明確或是更多的資訊。如果有必要，記得把檢查表上的套話要點再重複執行一次。

4.盡可能找機會持續練習套話技巧；十六種套話戰術裡，能運用自如的技巧當然是越多越好。要記得：成為套話高手不只讓你能得到更多真相，還有一個附帶好處就是別人會更喜歡你。

但不要只聽我說！請務必親自嘗試本書介紹的套話技巧，做個自我驗收，看看你有沒有辦法在別人還沒來得及說謊前，就已經透露你想知道的真相。

附錄一 MBTI人格類型個性描述

關於MBTI人格類型的更多資訊，可在該基金會網站上查詢，參見https://www.myersbriggs.org/。以下將每一種MBTI人格類型加以簡單敘述。

夢想家 ENTP（extroversion, intuition, thinking, perceiving）

- 憑著直覺思考和行事。
- 對周遭人事物充滿興趣。
- 能夠快速、準確、全面地評估情況。
- 做事情有彈性，各種工作或任務都能快速進入狀況。
- 對於自己最有興趣的事情會做得非常好。
- 能夠察覺各種可能性，也很會解決問題。
- 很有自己的想法。
- 對於自己的想法充滿熱情，而且熱情很有感染力。
- 比較不喜歡制定計畫和做決策。

- 雖然很有想法，但做事容易虎頭蛇尾。
- 做結論時能保有理性和良好的邏輯思維。
- 富有想像力。
- 口才好、富急智、好爭辯。
- 喜歡辯論，而且常因喜歡辯論的感覺而故意唱反調。
- 行動和決策會以法規為基礎。
- 不太重視自己的感受，也不太為他人著想。
- 面對壓力的時候，會很難想出新點子，而且容易過度執著於枝微末節。
- 重視知識，努力追尋更高深的知識。
- 喜歡挑戰和解決難題。
- 有創意、聰明、好奇、善於推理。

啟發者 ENFP（extroversion, intuition, feeling, perceiving）

- 溫暖、熱情、聰明、富有潛力。
- 認為世界充滿各種可能，對事物抱持高度熱情。
- 常能啟發他人、給他人動力。

- 辯才無礙。
- 努力充實人生。
- 多才多藝。
- 喜歡實作，不喜愛研究理論。
- 很堅持自己的價值觀。
- 所作所為都必須符合自己的價值觀。
- 不斷尋求內心平靜。
- 熱情、擁有高度成熟的價值觀。
- 需要獨處的時間好好思考自己所作所為是否符合自己認同的價值觀。
- 擁有非常良好的人際能力。
- 真的會去關心他人，對人很有興趣，也很重視人際關係。
- 非常渴望被他人喜歡。
- 人緣極佳，且能引導他人發現自身優點。
- 短時間內就能靠直覺了解他人。
- 認為處理日常瑣事非常單調沉悶。
- 不喜歡繁瑣的例行工作，對這類事項一向不重視。
- 天生健談，能靠一張嘴得到自己想要的。

‧喜歡生活裡有一些刺激。
‧基本上是個快樂的人。
‧在無需墨守成規的情況下能拿出最佳表現。
‧充滿警覺，對事物很敏感，時時關注周遭環境。
‧時常肌肉緊繃。
‧很渴望獨立。
‧迷人、聰慧、勇於冒險、敏銳、喜歡與人交流。

施予者 ENFJ（extroversion, intuition, feeling, judging）

‧很關注他人。
‧認為世界充滿各種可能。
‧了解人，也關心人。
‧能引導他人發現或展現自身優點。
‧認為人生最有意義的事情莫過於給予他人愛、支持和快樂。
‧常為他人創造機會。
‧有能力讓他人按他們自己的想法行事。

- 獨處的時候容易鑽牛角尖、苛責自己。
- 不喜歡獨處。
- 喜歡參加許多以人為主的活動。
- 總是先考慮他人需求，常忽略自己的需求。
- 雖然也屬於外向型，但比其他同屬外向型的人格類型保守。
- 時常能改變他人的個性、想法。
- 容易覺得孤單。
- 只要不涉及太私人的話題，通常願意表達個人看法或信念。
- 不容易展現真實的自己。
- 做事有條理，善於解釋歧義。
- 時常散發自信。
- 不太喜歡處理冷冰冰的邏輯和事實，除非事情與人有關。
- 喜歡計畫的過程大於最後成果。
- 非常渴望與他人建立親密無間的關係，而且花很多心思維持各種人際關係。
- 在人際關係裡非常忠誠且值得信賴。
- 可以看到他人的成長潛力。

指揮官 ENTJ（extroversion, intuition, thinking, judging）

- 天生的領導者。
- 喜歡各種挑戰，而且想當克服挑戰的人。
- 認為世界充滿各種可能。
- 渴望成為領導者。
- 能夠迅速了解複雜的事情。
- 可以吸收大量客觀資訊（這些資訊，獨立於他的感受或主觀意識之外）。
- 可以快速果斷地做決定。
- 喜歡主導局面。
- 重視工作。
- 有遠見。
- 善於制定能解決問題的計畫，尤其在職場上。
- 對工作好像有用不完的精力，而且能看到公司未來的發展。
- 在團體內常很自然成為領導者。
- 不太容許犯錯。

- 不喜歡看到同樣的錯誤一再出現。
- 對於沒效率的人會很不耐煩。
- 不注重他人感受。
- 對意見不合的人沒什麼耐心。
- 無論身為家長還是配偶，都是很強勢的一方。
- 總是非常積極努力達成目標。
- 容易過度自我感覺良好或自我中心。
- 能快速想到如何表達自己的想法或決定。
- 認為注重感情是一種懦弱的表現。
- 喜歡與他人互動。
- 喜歡激烈的對話。
- 特別尊敬辯才無礙的人。
- 口才極佳，充滿自信。
- 渴望與伴侶一直情投意合、忠貞不渝。
- 非常重視工作，可能為了工作不常在家，或者就算在家，心思也放在工作上

照顧者 ESFJ（extroversion, sensing, feeling, judging）

- 泛愛眾人。
- 能引導他人發掘或展現自身優點。
- 十分善於閱讀他人心思或了解他人想法。
- 非常渴望被他人喜歡。
- 能讓他人覺得受到尊重和肯定。
- 個性溫暖又充滿活力。
- 責任感非常強烈，而且非常可靠。
- 喜歡生活穩定、重視安全感，而且非常注重生活上各種細節。
- 能夠比他人更早發現該做的事情，並且一定會讓這些事完成。
- 需要別人的肯定來產生自信。
- 容易被他人的冷漠傷害，也不懂為何有人的心地這麼壞。
- 非常樂於付出。
- 渴望他人肯定自己、肯定自己對他人的付出。
- 善於閱讀他人心思，而且會為了迎合他人而改變自己的行事方式。
- 不怕表達自己的想法。

- 會根據週遭人事物來調整自己的價值觀和道德觀，而不是以自己內心的原則為基準。
- 總是盡力幫助他人。
- 需要掌控所在環境。
- 喜歡徹底完成一件事情的感覺。
- 喜歡為事物制定秩序和建立架構。
- 喜歡控制他人。
- 非常尊敬或注重法律、各種規範、上位者，而且認為大家都該如此。
- 重視舊有傳統，不太會冒險踏入全新領域。
- 容易盲從政策和規範。
- 沒有安全感，總是想著如何取悅他人。
- 常常太過敏感、杞人憂天。

表演者 ESFP（extroversion, sensing, feeling, perceiving）

- 認為世界充滿各種可能。
- 喜歡與人交流，體驗新事物。

- 活潑、有趣、喜歡被關注。
- 不擅長想像較長遠的未來。
- 喜歡生活中各種精彩刺激的事物。
- 有很強的人際能力。
- 喜歡當和事佬。
- 慷慨溫暖。
- 非常善於觀察人。
- 隨性樂天。
- 喜歡做讓自己開心的事。
- 不太去思考自己的行為可能帶來的長遠影響。
- 世界對他們來說就是舞台。
- 喜歡成為他人關注的焦點。
- 常常化身戲精來娛樂他人、逗他人開心。
- 希望生活如同一場永不停歇的派對，而他們就是熱情奔放的主辦人。
- 很容易接受他人。
- 所有人都可以當朋友。
- 對自己非常不喜歡的人會很嚴厲地批判。

- 想法非常實際，但討厭一成不變的例行公事。
- 容易隨波逐流。
- 在各種場合都可以即興演出。
- 喜歡實作大於閱讀。
- 討厭理論。
- 通常藉由實作來學習。
- 喜歡美麗的事物，家裡也通常裝潢得很漂亮。
- 非常懂得欣賞生活中精緻美好的事物，像是美食和美酒。
- 是很棒的隊友。
- 很少造成麻煩或引起混亂。
- 喜歡在充滿趣味的環境中做事。
- 渴望和其他人、小小孩或甚至小動物有緊密的連結。
- 懂得欣賞大自然的美。
- 熱愛生活。
- 人緣極佳。
- 活在當下。

守護者 ESTJ（extroversion, sensing, thinking, judging）

- 注重事實以及具體需求。
- 此時此刻最重要。
- 會持續觀察週遭環境，確認一切順利安好。
- 重視傳統和規定，對人事物有清楚的標準和原則，且期待他人跟自己一樣對於志不同道不合的人，就很沒有耐心。
- 喜歡看到自己的努力很快有成果。
- 注重能力和效率。
- 喜歡主導事情。
- 做事情有自己的一套方法。
- 常常自然而然成為領導者。
- 高度自信，個性強悍。
- 非常善於制定計畫，一步步程序都會規畫得很好。
- 常會非常嚴厲苛刻。
- 誠實直率。
- 模範公民。

- 重視承諾和責任。
- 在社交活動中容易玩到忘我。
- 太過注重細節。
- 肩負壓力時，很難對他人表達自己的感受。
- 重視社會秩序和穩定。

實踐者 ESTP（extroversion, sensing, thinking, perceiving）

- 外向直率。
- 熱情且容易亢奮。
- 即起即行。
- 個性耿直，敢於冒險。
- 願意一肩挑起各種苦差事。
- 重視當下。
- 不重視理論，也不喜歡省思自己的想法和感受。
- 會根據情況和事實快速決定該做什麼，立刻執行，再接著做下一件事情。
- 善於閱讀他人表情和肢體語言。

- 一般來說，會和對話的人保持兩步的距離。
- 認為規則和法律僅供參考。
- 固執地堅守自己的信念。
- 不重視規範。
- 對戲劇和造型有很高的天分。
- 動作很快，說話速度也很快，喜歡高級精緻的東西。
- 賭性堅強，愛亂花錢。
- 善於說故事和即興表演。
- 做事情不按計畫，喜歡邊做邊想下一步。
- 喜歡做讓自己開心的事情。
- 有他們在，通常就不無聊。
- 可能會無心傷到他人。
- 不知道自己說的話會對別人造成影響。
- 根據事實很邏輯做決定。
- 討厭理論。
- 非常擅長銷售商品。
- 充滿熱情和活力。

- 可以向任何人推銷任何想法。

保護者 INFJ（introversion, intuition, feeling, judging）

- 性情溫和，會關心他人，常有創意，有藝術天分。
- 認為世界充滿各種可能，且很多事物都有深層意涵。
- 在所有人格類型中，這種人最少，數量只佔百分之一。
- 喜歡外在世界事物呈現井然有序的樣子。
- 常常改動生活中事物的優先順序。
- 他們的想法通常是對的，而且他們也知道自己是對的。
- 對自己的直覺深信不疑。
- 對各種事物都有自己的想法和感受。
- 是非常複雜難懂的人格。
- 不喜歡分享心事和感受。
- 很多事情不願意對他人訴說，所以這類人的想法很難懂。
- 喜歡秘密行事。
- 會避免傷害他人。

- 個性溫暖、會關心他人。
- 對於衝突非常敏感。
- 容易把很多壓力憋在心裡，結果影響健康。
- 固執不化，不理睬他人意見。
- 完美主義者。
- 內心少有平靜。
- 認為人就是該持續成長。
- 認為「理想若經過妥協，就不叫理想了」。
- 固執，同時也很理性實際。
- 擅長處理細節或瑣事。
- 認為人生很難。

撫育者 ISFJ（introversion, sensing, feeling, judging）

- 透過感官，以具體的方式欣賞事物。
- 親切、心地好，而且能看到他人的優點。
- 追求和諧共存，能敏銳察覺他人感受。

- 內心世界豐富。
- 別人私底下覺得很重要的事情，這類人都能記得。
- 知道很多別人的私事，而且通常都很準確。
- 自己認為很重要的事情會記得很清楚。
- 如果某段談話對他們來說很有意義，即使在多年後也能記得談話的詳細內容。
- 有一套很明確的行事方式。
- 重視安全感、善行、傳統和法律。
- 相信既有制度，因為這些制度的確有發揮作用。
- 不太喜歡用新方式做事情，除非真的相信新方式比傳統方式好。
- 透過實作來學習效果會最好，而不是只靠閱讀或研究理論。
- 做事有始有終。
- 有很好的空間感和審美觀，重視事物的功能，因此家中裝潢有可能美麗與機能兼具。
- 挑禮物時，能找到對方真的會很喜歡的禮物。
- 能夠很敏銳察覺自己和他人的感受。
- 很難表達自己的感受，卻善於幫助他人表達感受。
- 非常有責任感。

- 認真看待肩負的責任。
- 很難拒絕別人。
- 不喜歡衝突。
- 會把別人的需求放在自己的需求之前。
- 常常覺得自己不夠好，一切都被自己搞砸了，自己什麼都做不好。
- 溫暖慷慨又可靠。
- 有能力讓事情順利進行。

理想家 INFP（introversion, intuition, feeling, perceiving）

- 努力讓世界更美好。
- 最重要的目標就是找尋人生的意義。
- 心裡常想著如何服務眾人。
- 理想家與完美主義者。
- 訂定目標後就會非常積極往目標邁進。
- 不斷尋求真相以及事物背後的道理。
- 體貼周到。

- 善於傾聽。
- 會讓他人覺得自在。
- 不太願意表達情緒。
- 不喜歡衝突，而且會盡力避免衝突。
- 重視人的感受，不重視誰對誰錯。
- 不喜歡心情很差的感覺。
- 善於調解斡旋。
- 擅長解決別人的問題。
- 除非自己的價值觀受到挑戰，否則平時的言行舉止很從容，而且有彈性。
- 會為自己認為重要的事情強硬抗爭。
- 追尋各種使命。
- 不喜歡處理事實和邏輯。
- 不喜歡自己的感受或私事被他人剖析。
- 喜歡以團隊方式解決問題。
- 通常很有寫作才華。
- 用言語表達感受時會覺得不自在。

科學家 INTJ（introversion, intuition, thinking, judging）

- 認為世界充滿各種想法、策略和計畫。
- 重視智慧、知識和能力。
- 為自己設下高標準，而且會不斷努力達到自己設的標準。
- 能夠迅速理解新知，但更重視的是如何運用新知。
- 喜歡為各種意見下結論。
- 喜歡凡事有系統、有組織的感覺。
- 很難表達內心真實的想法、意象或抽象概念。
- 天生有領導力，但常隱藏在人群中，直到真的有需要才會站出來領導。
- 超級策略家。
- 花很多時間思考自己的事情，對他人的想法感受沒什麼興趣。
- 不擅長處理親密關係。
- 能夠快速表達自己的判斷。
- 如果出現誤會，會認為都是他人造成的，較不認為是自己不擅於表達想法才造成誤解。
- 往往太快否定他人意見，使得他人常說他自以為了不起。

- 有抱負、有自信、心思縝密、眼光長遠。
- 重視條理和效率。
- 通常看起來冷漠寡言。
- 很少讚美他人。
- 對於不同的做事方式抱持開放的心態。

思想家 INTP（introversion, intuition, thinking, perceiving）

- 認為世界充滿各式各樣的理論。
- 思考的主要方向是如何改善情況。
- 喜歡在自己的內心世界分析困難的問題，找出問題的模式，想出符合邏輯的解決方法。
- 每件事情都要想得清清楚楚。
- 學識很好，但常常過度專注想自己的事情。
- 認為知識重於一切。
- 聰明絕頂，而且能夠客觀分析人事物。
- 喜歡新想法，熱愛抽象概念和理論。

- 不喜歡一成不變的例行公事。
- 看起來愛作夢、不容易親近。
- 不喜歡領導或控制他人。
- 剛認識的時候會很害羞。
- 常常太過自我感覺良好，喜歡反抗既有的社會價值觀。
- 無法體會他人感受，因此也很難滿足他人在情感上的需求。
- 有時整體思維可能會太過負面或批判性太強。
- 有時可能不太注意週遭環境。
- 不太會處理金錢，也不太擅長穿搭。
- 認為一定要用簡潔明確的方式表達想法。

藝術家 ISFP（introversion, sensing, feeling, perceiving）

- 能夠很敏銳地感受事物的外貌、味道、聲音、觸感和氣味。
- 有很高的藝術鑑賞力
- 很有創作才華。
- 必須靠著自己的感覺過活。

- 沉默寡言。
- 一般人很難跟這類人成為密友。
- 通常不願坦率說出自己的意見，想法只對好友傾訴。
- 善良、溫柔、敏感。
- 愛護動物。
- 重視大自然。
- 個性獨立、思想創新。
- 需要有個人空間。
- 行動派。
- 即知即行。
- 喜歡靠實作來學習。
- 不喜歡人際分析。
- 個性溫暖，且富有同情心。
- 很努力取悅他人。
- 樂於服務他人。
- 會透過行動而非言語表達愛。
- 需要獨處的時間。

使命必達者 ISTJ（introversion, sensing, thinking, judging）

- 沉默寡言。
- 重視安全感，愛好和平安定。
- 透過五感來欣賞或接收事物。
- 做事有條理有方法。
- 非常忠誠可靠。
- 非常注重誠實與正直。
- 模範公民。
- 會為家人、朋友和社區做正確的事情。
- 缺乏幽默感。
- 重視法律和傳統。
- 遵守規則。
- 按照傳統或既有規則行事。
- 極度可靠，承諾必踐。
- 很難拒絕他人。

- 時常長時間工作。
- 往往會工作很長一段時間不休息。
- 喜歡獨力工作。
- 能為自己的行為負責。
- 喜歡當上位者。
- 尊重事實。
- 腦袋裡有大量儲備資訊。
- 一旦支持了某個想法，就會始終支持這個想法。
- 不太注重自己的感受。
- 完美主義者。
- 不太重視他人，容易把他人的付出視為理所當然。
- 表達感情會覺得很不自在。
- 極度忠誠。
- 重視家庭。
- 會透過行動而非言語表達愛。

分析者 ISTP（introversion, sensing, thinking, perceiving）

- 時常專注思考自己內心的想法。
- 習慣以理性邏輯分析事物。
- 渴望了解事物運作的方式。
- 喜歡邏輯分析。
- 具冒險精神。
- 喜歡機車、飛機、跳傘、衝浪。
- 認為坐而言不如起而行。
- 通常什麼都不怕。
- 個性非常獨立。
- 需要空間。
- 不重視規則，也不遵守規則。
- 只做自己要做的事情。
- 容易覺得無聊。
- 認為人應該受到公平且平等的待遇。
- 非常忠誠。

- 喜歡獨處。
- 行動派。
- 喜歡實際採取行動。
- 適應力強，往往隨著自己當下的想法或心情行事。
- 實際處理問題的時候，可以成為很好的領導者。
- 重視細節以及實用的事物。
- 可以很迅速做出很好的決策。
- 會避免以個人主觀判斷做為決策基礎。
- 不信任自己的感受。
- 臨危不亂。

附錄二 名詞解說

懷疑之術 人遭受他人質疑的時候，會覺得自己說的話可信度不夠，所以會急著補充說明，以說服對方自己說的是真的。因此在談話時，適時質疑對方談話的內容，將可以刺激對方透露更多訊息。

範圍推定 設定一個數字或日期的範圍，目的是讓對方在這個範圍內，提供更精確的數字或日期。這個技巧的基礎是「人喜歡糾正他人的天性」，所以設定一個比較大的範圍，能刺激套話對象從此範圍中找出正確的數字或日期。

認知失調 當人碰到與自己的認知或信念完全相反的想法，通常會變得很焦慮。一個人的認知失調越嚴重，就會越急著想紓解或消除這種焦慮感，因此容易在急著解釋的過程中透露出敏感的資訊。

好奇心 當你激起一個人的好奇心，等於在「他知道的事情」和「他想知道的事情」之間製造出落差。套話的人可以刻意創造這種信息差距，讓對方自己試著補上之間的差距，於此同時透露更多敏感訊息。

同理心論述（貼心話） 直接說出或用委婉話說的方式，呈現出對方的身心狀況、情緒感受或想說的話，這就是同理心論述。此技巧的目的是鼓勵對方繼續說話；一個人話說得越多，就會透露越多關於自身和他人的訊息。

錯誤的技能歸屬 錯誤的技能歸屬是指套話者把某些技能歸屬到通常沒有這些技能的人身上。例如老人家通常不太會使用社群媒體，小朋友不太可能解決高深的數學題，但你卻故意說老人家很會使用社群媒體（亦即，某群人能做他們通常做不到的事）。這種說法會刺激對方糾正你、跟你解釋理由，而在解釋的過程中就容易透露更多訊息。

裝作難以置信 當你假裝不相信對方的說詞，會逼使對方急著捍衛自己說的話；

在對方急著解釋或補充的過程中，很可能會透露重要資訊。

話說一半 套話的人故意不把話說完，刺激對方把話接過去講，進而提供更多訊息。

無知之術 人如果以為正在和自己說話的人很無知，那他就比較容易暢所欲言。所以你套話的時候，若裝作對某話題一無所知的樣子，往往能刺激你的套話對象為了展現自己知道得比你多而透露重要資訊。

推定陳述 這個技巧就是你先說一句話或一段話，如果你說的是對的，你的套話對象會證實你的說詞並補充更多資訊；如果你說的是錯的，對方就會糾正你，而且還常常附帶詳細解說。

等價交換 先提供對方一些訊息，這麼做會鼓勵對方也以同樣方式回饋，刺激對方也透露一些訊息給你作為回報。

事實引述　說一句話或一段話（可真可假），然後說這是你從某個消息來源聽到或看到的（例如報章雜誌、部落格、電視新聞等），而你引述的事實當然要跟你想探聽的訊息有關聯。當人認為某些議題已經在公共場域流傳開來，他們在聊這些議題時就不會有顧忌。

說故事　聽故事的時候，我們通常會下意識地把自己代入故事裡。為了要讓故事有助於取得你要的訊息，你說的故事必須跟對方當下的情況有所關聯，要有寓意，還要暗示對方應該對你據實以告。

第三方觀點　套話者用第三方的角度提供某些資訊或事實，目的是要利用人喜歡談論他人的天性，刺激對方透露更多訊息。人通常會自然而然相信從第三方得知的消息，這是因為消息既然是來自第三方，就會給人一種消息來自客觀來源的錯覺，同時也能鼓勵套話目標在談話中能更坦率說出所知道的資訊。

地位捧高／貶低之術　在談話中試著捧高或貶低對方的地位，如果對方知道自己沒有你說的那麼好，或者認為自己沒有你說的那麼糟，這種認知落差就會引發認知失調。為了減輕認知失調造成的焦慮，對方很可能會在解釋自己沒有你說的那麼好或那麼糟的過程中，透露更多個資或敏感資訊。

回聲之術　重複套話對象上一句話的最後幾個字。當對方說到一半停下來或是對方需要一些刺激才會繼續往下講，就可以使用此技巧。

國家圖書館出版品預行編目資料

如何讓人說實話：使他人還來不及對你說謊，就自然說出真話，而且他還會很喜歡你：源自美國FBI全新偵訊取話的技巧/傑克.謝弗(Jack Schafer), 馬文.柯林斯(Marvin Karlings)著；陳佳瑜譯. -- 初版. -- 臺北市：遠流出版事業股份有限公司, 2022.09
面；　公分
譯自：The truth detector : an ex-FBI agent's guide for getting people to reveal the truth
ISBN 978-957-32-9704-8(平裝)

1.CST: 應用心理學

177　　111012238

如何讓人說實話

使他人還來不及對你說謊，就自然說出真話，而且他還會很喜歡你：源自美國 FBI 全新偵訊取話的技巧

THE TRUTH DETECTOR an Ex-FBI Agent's Guide for Getting People to Reveal the Truth

---

作　　者 傑克・謝弗博士（Jack Schafer Ph.D.）、馬文・柯林斯博士（Marvin Karlings Ph.D.）
譯　　者 陳佳瑜
行銷企畫 劉妍伶
執行編輯 陳希林
封面設計 陳文德
內文構成 6 宅貓

發 行 人 王榮文
出版發行 遠流出版事業股份有限公司
地　　址 104005 臺北市中山區中山北路一段 11 號 13 樓
客服電話 02-2571-0297
傳　　真 02-2571-0197
郵　　撥 0189456-1
著作權顧問 蕭雄淋律師
2022 年 09 月 01 日 初版一刷
定價 平裝新台幣 380 元（如有缺頁或破損，請寄回更換）

ISBN： 978-957-32-9704-8
YLib 遠流博識網 http://www.ylib.com
E-mail: ylib@ylib.com
